臺灣歷史與文化 研究輯刊

二一編

第3冊

祭祀與送煞神：
台北市地區宮廟祭解儀式及其思想之研究

盧俊清 著

花木蘭文化事業有限公司

國家圖書館出版品預行編目資料

祭祀與送煞神：台北市地區宮廟祭解儀式及其思想之研究
／盧俊清 著 -- 初版 -- 新北市：花木蘭文化事業有限公司，
2022〔民 111〕
目 4+172 面；19×26 公分
（臺灣歷史與文化研究輯刊二一編；第 3 冊）
ISBN 978-986-518-753-8（精裝）
1.CST：民間信仰 2.CST：宗教儀注 3.CST：臺北市
733.08   110022091

ISBN-978-986-518-753-8

9 789865 187538

臺灣歷史與文化研究輯刊
二一編　第三冊   ISBN：978-986-518-753-8

祭祀與送煞神：
台北市地區宮廟祭解儀式及其思想之研究

作　　　者	盧俊清
總 編 輯	杜潔祥
副總編輯	楊嘉樂
編輯主任	許郁翎
編　　輯	張雅淋、潘玟靜、劉子瑄　美術編輯　陳逸婷
出　　版	花木蘭文化事業有限公司
發 行 人	高小娟
聯絡地址	235　新北市中和區中安街七二號十三樓
	電話：02-2923-1455／傳真：02-2923-1452
網　　址	http://www.huamulan.tw 信箱 service@huamulans.com
印　　刷	普羅文化出版廣告事業
初　　版	2022 年 3 月
定　　價	二一編 7 冊（精裝）台幣 20,000 元

祭祀與送煞神：
台北市地區宮廟祭解儀式及其思想之研究

盧俊清　著

作者簡介

盧俊清，世居淡水人，真理大學宗教系碩士。16 歲追求興趣進入餐飲業，領有「中華民國中餐烹調丙、乙級」及「中國中式烹調師（二級）證書」，參加廚藝比賽獲獎無數。20 歲為了「逃」離宮廟文化，而進入了命理、勘輿、道士的學習領域，歷任：中國嗣漢道教協會淡水區主任、紀律委員會委員、中華道教玄學協會理事、中國風水學會常務理事、中華道教五術交流協會理事、中華玄門道教總會理事、並獲嗣漢第 64 代張源先天師入門奏職受籙萬法宗壇道號羅清，開啟了另一多重身分的斜槓人生。39 歲就近重回校園以碩士生進修，專研中國南方道教及民間信仰，期間並利用課堂所學及私下自修，遠赴武漢考取「中國心理諮商師 2 級證書」，也開啟了宗教心理學「讀人」的視野，期以己之所學所歷，為宗教學術界盡棉薄之力。

提　　要

　　本研究以台北府城隍廟、霞海城隍廟、台北關渡宮、大龍峒保安宮、大稻埕慈聖宮、台北法主公廟等六間宮廟為探討對象，聚焦討論以下幾個問題：

1、在中國歷史發展過程中，與祭解相關的思想、儀式是什麼？

2、祭解相關之儀式傳到台灣後，在清朝、日據時期有哪些歷史紀錄？其意涵為何？

3、祭解儀式的核心內容是什麼？又有哪些相關的祭祀用品？

4、當代台北地區宮廟的祭解儀式具體內容為何？其又有那些異與同？

5、比對歷史及當代台北地區的祭解，其變遷現象為何？

6、比對歷史與當代的祭解變遷差異現象後，試圖探究有那些因素造成這些變遷？

　　研究發現祭解儀式應該與古代的「煞氣觀」、「祈禳儀式」、「咒禁術」、及「解除術」的思想有相關聯，並且在儀式中帶有濃厚之「模擬巫術」及「接觸巫術」之意涵。而在地方府志部分，清朝《台灣府志》則記載與儀式內容相同的「補運」及「祭送」或稱「送外方」之紀錄，並約在一九五零年代期間發展成，現代包含「祭祀補運」與「解送煞神」，二段儀式內容的宮廟祭解儀式。

　　在本研究調查之六間宮廟的祭解儀式，都可分為「準備」、「祭祀補運」、「解送煞神」與「圓滿」等四個階段來做紀錄觀察。而這些個案中雖都是由北部正一道法二門的「劉厝派」或「林厝派」之道長主法，但儀式之內容細節卻略有差異，並且都已未再使用閭山小法之法器。隨著時代的變遷，祭解之空間、時間、儀式內容及儀式目的等都已出現變化；此外宮廟領袖也與神職人員合作，並引入管理、行銷模式來推動祭解儀式，本文將之分為「雇傭關係」、「合作關係」、「承包關係」及「特殊合作關係」四種類型。

致　謝

　　特別要感謝指導教授張家麟教授及謝世維教授和蔡秀菁教授，在百忙之中抽空閱讀我的論文，辛苦了！感恩口考委員教授給予的建議和指導，使本論文得以更加完善與嚴謹。

　　論文的完成，首先要感謝一路支持並伴我事業、家庭一路成長的內人，余存，他從不反對我在家庭、事業之外，另外自我成長的學習歷程，尤其是在學習五術的過程，常需花費許多的時間、金錢，上山下海四處遍訪名山大川，尋訪前賢明師，以突破學習的盲點；他亦不畏苦，20 歲就嫁給了我，於是我們一起在懵懂中當了三個孩子的父母，事業也一路陪伴，多次陪我攜手從跌倒的谷底再創事業高峰，謝謝妳我一輩子的「牽手」。

　　從進碩士班到論文完成，這段不算短卻時光飛梭的日子，生活及事業上發生了許多的事，也使本論文的撰寫中斷了數次，並延遲了完成的時間。上課的那二年，謝謝有系上各位教授的指導，讓我對看待宗教現象從 in sider 的角色跳脫出來，以 out sider 的視角來觀察事件的始末，並以第三者的角度來看待事件發生的原因、結果與現象，特別感謝張家麟教授殷殷教誨，方能有這本論文的完成，並謝謝在張家麟教授鼓勵下，參加 2016 年第十屆國際道學研討會，以〈祭解儀式中的展演與思想〉一文，獲國內外多位學者的高度興趣與討論，尤其是文中論述有關天狗、白虎、代生人物等，在祭解儀式中的「模擬巫術」及「接觸巫術」，更是引起大陸多位博導級教授及學者的高度興趣及會後私下的討論。也感謝在發表過程中，委請學弟柏尚，展演祭解儀式中「解送煞神」的小法儀式，再配合我的簡介儀式含意，使在場的國外學者，得以一窺儀式的精彩展演。

　　當然也要謝謝系上，張雅惠老師、李麗涼老師、蔡維民主任、林志欽院長、蕭進銘老師、陳志榮老師、王鏡玲老師、高怡萍老師、王榮昌老師等，毫無保留的教授，讓我獲益匪淺，尤其是雅惠老師的悲傷輔導、賞夢、靈性諮商，更是讓我在後來的心理諮商及面對悲傷事故能有效率的切入核心，並得以遠赴中國武漢，順利考取中國二級心理諮商師證照；李麗涼老師的六朝及唐、宋代的古典道教，更是讓我在道教的認知領域更進一大步，並解了對道教的許多盲點。還有來自各不同宗教信仰領域的同學，透過課堂上的敘述、討論、研究、交流，更是讓原本「當局者迷」的我，更能客觀地來看待各宗教的異與同，謝謝蕭和合、宣沛、政千、詩婷、美玲、季靜、秀蘭、秀英、寶月、麗菁、巫媽、以欣、主恩、坦克、柏尚、寶樂大哥、本訓等，從生活分享到課業探索，彼此互相關懷、勉勵，感恩大家的陪伴。有你們陪伴的上課日子，從來不無聊且快樂，甚至會期待著上課時間的到來。特別感謝蔡學姊及倍民學姊，在論文接近完成的撰寫期間，不厭其煩的幫我查看，論文中格式錯誤之處，並給予指導及建議，方能使論文順利完成。

　　最後要感謝我的父母，尤其是我的母親，沒有媽媽一路的教導及呵護，或許就沒有我家庭及事業的成就，對您的離開真的百般不捨，我永遠都會記得，在從榮總回家的路上，天空下起了晴空雨，就像是菩薩降下了甘露水，在為妳洗塵，為妳洗去妳因為住院期間的痛楚及穢氣。雖然來不及讓您親眼看到我的碩士學位證書，但我一定會拿去給您看，期望您在幸福的另一個世界，一切安好也為我高興，我真的很想念您，等待再相會的時刻到來，好希望再聽到您對我說的關心話語，並且能夠再抱抱妳。

第一章　緒　論

第一節　研究動機

壹、親身觀察

　　回想對祭解的初體驗，是在兒時常隨奶奶於初一、十五到淡水請水祖師廟拜拜，有時奶奶為了祈求家人平安順遂、疾病得愈、闔家健康等因由，而求助駐廟道士祭解。當時印象中，每次都會到廟旁賣餅乾的小商店，買甜米糕，上面還會附一顆龍眼乾。這是兒時一種想念的甜甜滋味，有時還會買綁著紅紙條的麵線一起拜，而這也代表著晚餐可能有豬腳麵線可以吃了。

　　印象中讓我感到最有趣的是，當時道長為信眾作祭解，會拿著一支香條，一邊口中念念有詞，一邊以香條輕打天狗、白虎的紙牌，還會抓起天狗、白虎紙牌。在當時天真的認為，這是要餵這兩隻天狗、白虎紙牌吃肉、吃蛋、吃豆干，甚至是喝水。就像小時候拿著洋娃娃玩扮家家酒般，兒時的記憶只是感到有趣，並不知祭解的意義．

　　成年後，再次回到淡水清水祖師廟，想要再買個米糕回味一下兒時的記憶卻已沒人在賣了。小時候覺得有趣的道長打天狗、白虎，甚至是餵食天狗白虎的儀式橋段，也已沒有了，甚是感到可惜。後來在成長的過程中，也參加過其他宮廟的祭解儀式，但卻都跟兒時的記憶有所異與同。發現到有些私人宮壇，名義上是以「祭解」為名，但每次的儀式內容卻都不一樣，而當問了宮壇方的人員為什麼每次都不一樣時，多數都說不清楚其中的原因，更不用說是儀式的內容意義了。

貳、生活與求道

　　筆者自小因家庭因素，從小就接觸民間宗教信仰，印象中父母常到宮廟神壇拜拜，問事以尋求生活上不如意之心靈慰藉。筆者小學三年級時父母信奉的神壇乩童突然說，於我曾祖父前，家族都有人為神明辦事之弟子。但不知何因卻於我祖父、父親二代斷了連接，於是要當時還小的我，被選出來為神明服務並接受訓乩之教育，當下父母原以為神明搞錯了對象，並沒做任何回應。

　　經回老家問祖父方知確有此事，曾祖父確曾為「符仔仙」，在那醫療、交通不發達及鄉下普遍貧窮的年代，幫人祭解、收驚、開符使用草藥治病等，甚至有與人以符法鬥法之說（後於叔公家中確有找到當時留下之符籙抄本）。當下父母甚感不可思議，連父親都不知道，祖父、母也從不提之事，若非真有神蹟指示何以與我家族無淵源的乩童會知道。因當時年紀尚小只接受初淺的基本訓練及幫忙壇內事務，直到國中才因課業之故而漸漸的暫停了神壇的事務及訓練。

　　直到退伍工作事業漸穩，期間母親不斷提醒我事業漸穩，宗教之接觸也該恢復了。但當時自覺已無法接受一般宮壇之辦事方式及宮壇文化，始終不太願意去接觸；當時偶然間看到某本善書裡提到，將道教分五大修行方向：1. 積善派、2. 經典派、3. 丹鼎派、4. 符籙派、5. 占驗派。（胡孚琛，1995：44～47）心想何不從山、醫、命、卜、相開始學起，於是開始另尋學習五術之名師。有幸先後拜習於林俊寬、吳豐榮、蕭和合習得堪輿、命相、易學數術等術，後進入中華民國符咒法術研究學會，拜學賴順昌理事長，蔡東平秘書長學習敕符、收驚等基本之術。

　　於民國 94 年獲靈寶嗣教掌門盧坤永宗主之認可，參加靈寶宗師府之神職人員登天梯授籙之科儀，於登刀梯請表執筊後核認為靈寶法師法號「傳清」。民國 95 年，經時任中國道教嗣漢協會副理事長陳泳霖道長之引進，授籙於第六十四代張源先天師門下，道號「羅清」。民國 100 年再拜師，天師府北海顯妙道場朱建成道長，學習北部正一道教的道法二門中的「閭山小法」，再次深刻理解此派的「祭解與補運儀式」。這是筆者親身體會閭山小法在此儀式的運用。

　　期間參訪各宮廟團體，看到各教派神職人員為信徒作祭解、補運等科儀，為宮廟中的重要儀式之一，增加了我的視野。我乃思考此科儀為何發展成如此多元的樣貌，也企圖從歷史文獻中科儀的根源，與自己所學相互印證。

參、局內人

我在學習小法的期間，有幸跟朱建成道長學習過北部劉厝派的祭解儀式。朱道長很明確的告知我們祭解儀式區分為兩段，上半段主要為請神、宣疏、補運，下半段為開光替身與煞神，再行送煞神與過關。

而學習的過程，他是將早期北部道法二門正一派道士，於私人道壇所做的「太上正一保運祭送收驚全部」教授予我們，這才讓我了解到為什麼兒時記憶的道長，要抓起天狗、白虎做類模擬的餵食，為什麼是坐在地上向著廟外祭拜，這些意涵若不是如朱建成道長般廣研儀式內容，及對經咒有深入瞭解及解析，並無私的講解經咒及儀式內容，實在很難理解並說出其儀式之內含。而這些祭解儀式的完整性及類潛規則的橋段，卻已經少見之於宮廟中。至於其中儀式的意涵，連操作的道長也少有人深入瞭解，更別說一般信徒或大眾了。

筆者在對祭解儀式的社會宗教調查的過程中，參與觀察祭解儀式，並訪談多位道長關於祭解儀式的內容及涵義時，很多道長都不太能說出儀式的內容涵義。或是儀式過程中，為什麼用這些個紙料或祭品等問題，有多位道長也不太能回答。最常得到的答案就是這是以前的老道長教的，所以他就這麼做，或這是祖傳的儀式他只是照者做等等。對於此，筆者深感可惜，於是激起筆者對祭解儀式的，祭祀品、供品、天狗、白虎、五鬼、替身等紙料，產生對其內容涵義的好奇心，並藉此研究留下當代宮廟祭解儀式的紀錄。

肆、學術洗禮

民國 104 年，我決定超越自己原有的視野，到真理大學宗教系碩士班旁聽一年，隔年，成為正式的研究生。在研究所期間，本所教授的學術讓我對台灣民間信仰有了不同的理解及觀察視角。無論是宗教學、宗教社會學、宗教人類學及宗教心理學等學科教授，對我在宗教儀式行為的觀察及解讀，開展了前所未有的新境界。

原來，從原始社會到當代後工業時代，各宗教儀式的展演，除了儀式本身以外，在宗教社會學強調的是儀式的凝聚力及社會安定的功能；宗教心理學則側重在儀式帶給信者的安身立命及免於恐懼不安。宗教人類學則強調儀式的意涵與生命禮俗的超越。簡單的說，此時的我，開始重新思考儀式不只是儀式，而是有其更深沉的意涵及功能。

　　尤其聽了張家麟教授兩年的課後，在他的鼓勵下，我決定投入祭解儀式的社會調查。雖然筆者在宮廟期間，也曾參與或為信徒做祭解儀式的服務；但是，經由我個人初步觀察幾間宮廟，就像葉春榮在〈台灣祭解儀式：儀式標準化問題〉，所述：「祭解建立在一個非常脆弱、毫無標準的基礎上」。（葉春榮，2013：230～301）祭解儀式在台灣地區各宮廟在執行，變化差異及儀式流程有很大的彈性。

　　例如有些宮廟由乩童主持此儀式，今天神靈降駕乩身，可能會指示以過七星橋的方式舉行祭解儀式，也可能以過爐火的方式來祭解，更大部分是由神靈降駕的乩身，直接對信眾祭解，完全是沒有標準的儀式規則。有些宮廟則自行創造祭解儀式，稱之為「道法自然」的祭解〔註1〕。有些宮廟則由釋教法師帶領誦經團，以課誦經典的方式處理祭解。也有宮廟由佛教師父承擔了此儀式，將佛教的經文、疏文貫穿於儀式流程中。（張家麟，2017.7）

　　另外，本人初期觀察祭解儀式的過程中發現，儀式藉由「擬物化」的天狗、白虎、五鬼、紙人（或草人）、關限牌，為信眾消災解厄，具有宗教人類學的「模擬巫術」及「接觸巫術」意涵。（喬治·弗雷澤，1987）

　　配加上經咒疏文口語表白的方式，讓受祭解的信眾能在儀式的氛圍裡，讓心靈層面感受到這些煞神或疾病或厄運，已經經由法師的祭送，使受祭解者已脫離了煞神的糾葛，疾病的纏身，甚至是厄運的消散。並藉由法師的祭禳，生命已經獲得「好運來，壞運去，事事都如意」般的心靈層面的救贖。

　　基於上述兒時的記憶、親身的觀察、自己投入修道的行列及在真理大學碩士班的學術洗禮等 4 項經驗，讓我再次決定跳出「局內人」的立場，成為宗教研究者的「局外人」，以相對客觀及主觀互證（inter-subjectivity）的視野，毅然以「祭解」為我的論文研究題材。使我能夠理出祭解儀式的核心儀式內容，更想了解此一儀式的儀式內涵及與漢人宗教道法二門的歷史脈絡，並藉此篇論文對祭解的研究，留下筆者對當代北台灣社會主要宮廟的客觀紀錄。

第二節　文獻回顧

　　縱觀祭解的研究可以分為「祭太歲到祭解凶星關煞」、「祭解儀式個案研究」、「祭解與動機、醫療」、「多元神職人員祭解」、「祭解與安太歲、補運」等

────────────

〔註1〕資料來源：基隆代天宮，www.tai-tien.org.tw，20201.8 下載。

論述，茲分別說明如下：

壹、祭太歲到祭解凶星關煞

祭解牽涉到的凶星關煞與傳統中國的祭星有關，漢人對天上的星辰視為凶星者最早為周朝時期避太歲木星之說。（張家麟，2017：211～250）而在歷史考究部分，侯錦郎在〈The Chinese Beliefin Baleful Stars〉一文中指出，先秦戰國時期就有傳統星命術中的星星名稱。（侯錦郎，1979；許麗玲，1997.1：96）

到了東漢前期，王充在《論衡》〈祀義篇〉就有紀錄「祭祀」與「避太歲、歲破」的習俗：

關於祭祀部分，他說：「世信祭祀，以為祭祀者必有福，不祭祀者必有禍。是以病作卜祟，祟得修祀，祀畢意解，意解病已，執意以為祭祀之助，勉奉不絕。謂死人有知，鬼神飲食，猶相賓客，賓客悅喜，報主人恩矣。」（王充，2013）

其意義大致是：世人迷信祭祀，認為祭祀的人一定有福佑，不祭祀的人必定有災禍。所以人們生病時就占卜察看是什麼凶神在作怪，知道了作怪的凶神就進行祭祀，祭祀完畢，解消了心中疑慮，疑慮消除病就會痊癒了。從此人們就固執地認為疾病好轉是祭祀的作用，所以更加努力祭祀不敢斷絕。認為死人有知覺，鬼神能吃喝，就好像款待賓客一樣，賓客高興了，就會報答主人的恩情。

關於避「太歲」及「歲破」部分：《論衡》中的〈難歲篇〉直接紀錄：傳統漢人畏懼「太歲」及「歲破」兩顆凶星，然而他對此習俗加以駁斥，認為生肖年逢木星為太歲當頭，太歲為凶星的說法毫無根據。與木星相對的歲破，稱為對沖太歲，應該加以避諱也是無稽之談。不過，他的論述也說明了東漢時期民間社會已有此思想及禁忌。

此外，當代祭解所出現的凶星、關煞，最早出現的文獻應該屬於元朝宋魯珍、何士泰《三訂曆法通書》。內容詳列太歲及太陽、喪門、太陰、官符、死符、歲破、龍德、陰符、福德、吊客、病符。到了清朝的《欽定協紀辨方書》，陳述了「大歲、太陽、喪門、太陰、官符、死符、歲破、龍德、白虎、福德、太陰吊客、病符」，只是用白虎取代了陰符。

而在清朝《欽定古今圖書集成》中的〈唐果老駕前神煞歌〉，用七言古詩吟唱的方式說明漢人畏懼的諸多凶星、關煞：「歲駕劍鋒伏屍寄。二為天空仍可畏。喪門地雌孝服來。四為貫索勾神慮。官符五鬼及飛符。死符小耗月德

具。歲破大耗闌干并。八為暴敗天厄至。九是白虎即天雄。天德絞煞卷舌忌。十一弔客與天狗。十二病符蓋越位。」（陳夢雷，1976）

其中與《三訂曆法通書》、《欽定協紀辨方書》兩本通書雷同的凶星、關煞為喪門、官符五鬼、死符、歲破、白虎、弔客與天狗、病符。這說明了當時百姓心目中的恐懼感。當然也有其他的通書說明種種的關煞，但是它們與現在農民曆的流年凶星關煞無關。〔註2〕

貳、祭解儀式個案研究

不少學者對祭解儀式作個案式的調查，其中許麗玲作台北慈聖宮，松本浩一作台北府城隍廟、施晶琳作台南市興泉府的個案研究。

許麗玲以台北市大稻埕媽祖廟的駐廟道長所做的補春運儀式為調查對象，探討補春運在春節期間所舉行的時間意義。文中也透過補春運過程的描述，分析法事儀式中驅邪除煞的象徵意義。她也提到：「安太歲的法術機制主要是「藏蓋」──也就是躲避之意──既然命運是循環的，那麼只要躲得過當前的災厄，自然就會有「時來運轉」之日。藏蓋的法事儀式，同時也具有當事人象徵性的死亡之意，因此民間的補春運儀式之核心機制事實上是：使厄運提早在儀式時空之中發生。正因為是儀式的時空，所以也是象徵的時空，換句話說是個可以人為操控的時空：這也是法術（或巫術）儀式和宗教祈福儀式最大不同之處，因此雖然儀式的過程如卜擲杯筊及安太歲儀式中的藏蓋，在在都充滿了危機重重的張力，但也都在法師的調停及法術的運作之下化險為夷，如此一來，就更貼近解除厄運的意思。」（許麗玲，1999：95～129）

松本浩一選擇台北府城隍廟的祭解為焦點，詳細描述紅頭道士在廟中的登記、繳費、準備等先前作業，再論述請神、請水、念咒、獻供品、呈疏文、唸祭解文、過關限、化財帛等儀式內容。最後他分析參來廟祭解者的背景動機。（松本浩一，2004：505～522）

而施晶琳則針對台南市興泉府的祭改法事作調查，文中陳述儀式中準備物品、供品及其意義，並且分析儀式過程及法場空間。儀式內容包含了啟聖、

〔註2〕《三命通會》則說明小兒犯關、若夫百日關、鐵蛇關、雞飛關、閻王關、深水關、鬼門關、四季關、四柱關、將軍箭。（萬民英，1998：416）此外《鰲頭通書》則列出百日關、千日關、夜啼關、四柱關、雞飛關、斷橋官、落井關、閻王取命關、鬼門關、李廣將軍箭、桃花煞、紅艷煞、流霞煞、五鬼官、金鎖關等關煞。（熊宗立，2012：178～188）

祭星、造橋與過橋、祭改與拆橋、改年拜斗、進錢補運，最後完滿謝壇。他分析祭改儀式的道長與法師、民眾與儀式執行者的角色關係，另外也指出祭解具有治療性與預防性的醫療的功能。（施晶琳，2005.1：229～273）

參、祭解與動機、醫療

一、祭解與醫療

林富士在其論文：〈試論漢代的巫術醫療法及其觀念基礎「漢代疾病研究」之一〉裡認為，這是漢代巫術醫療法的一種可稱之為「禱解法」。這種方法是利用「告祝」或「供牲」以祈求鬼神之福祐，藉以免除疾病的危害。（林富士，1987：29～53）而這樣的一個儀式述求概念，正是如同祭解儀式告祝上蒼「祭祀補運」及供牲於煞神（星），以為「解送煞神（星）」，所以筆者認為祭解儀式的基本儀式概念，在漢朝以前即已成形，在經過歷史的推進演化，加上依附宗教及地方民間信仰和期待的心理因素，形成現今更多元儀式內容的祭解儀式。

張珣則針對台北保安宮的祭解儀式做調查，由於信眾相信星命信仰，抑或是認為惹犯鬼煞等因素，所以才前來祭解。在祭解的儀式過程中，道長藉由食物、紙錢及軟硬兼施將鬼煞請走，其次，從疏文可看出，將病因歸咎於信眾的本命，並請求三官赦罪及懺悔，最後使用替身代替信眾承受病痛，使信眾得到治癒。（張珣，2008：375～417）她認為信眾參與祭解儀式所帶來的宗教醫療的療效，是因為在其科儀中提供一套意義解釋系統，包括宗教象徵及信仰，及信眾主動前來求助。當信眾與儀式主持者在進行儀式展演過程中，讓信眾接收到訊息而獲得改善。（張珣，2009：1～25）

二、祭解動機與效果

也有用長期追蹤、深度訪談法，理解參與祭解者的「動機」及「療效」。吳柏尚為淡水福佑宮駐宮道士，以其親身主持祭解儀式的地利之使，用 2 年時間長期收集 400 多個個案，從中篩選至少來廟 4 次以上祭解者的 60 多個個案加以分析。

發現部分信眾除了因為生病、五鬼、官符、靈異世界、犯桃花、犯太陽與太陰等「傳統原因」來祭解外；尚有諸多「現代原因」。比較多個案呈現在為了「事業」、「工作」、「求財」、「投資」等經濟因素；亦或是「憂鬱症」、「幻想症」等現代社會文明病，前來求助道長；甚至也有信眾為寵物生病而前來

祭解。此外，在祭解的效果部分，約 2／3 的個案對道長主持的祭解儀式深覺有效果，而這也是祭解依舊在當代社會存在的主要原因。（吳柏尚，2020）

肆、多元神職人員祭解

葉春榮、張家麟則廣泛的作跨地區宮廟的道士、法師、乩童、佛教師父等不同類型神職人員的儀式專家研究。

在葉春榮在〈臺灣祭解儀式：儀式標準化問題〉一文提到祭解一類的法事，在各地方或者各地道士／法師強調的重點不同而有不同的名稱，譬如祭解、交解、祭星、補運、補春運、造橋、過釘橋、過刀橋、過龍虎橋、過七星橋、造橋過限、割關（gua kao）……等等，因為名稱不同使得大家以為是完全不同的東西，並無標準化。此外，祭解儀式反映了儀式主持者的文化邏輯，不同儀式主持者都有自己的看法，因此無標準化；最後針對通書與農民曆上所註記的神煞沖犯順序，兩者間所標示相反，因此也無標準化可言。（葉春榮，2013：230～301）

張家麟在〈多元與跨宗教：比較「宮廟祭解」儀式〉一文，以淡水福佑宮、台北保安宮、台北慈聖宮、基隆聖安宮、桃園慈護宮、基隆代天宮等 6 個祭解個案為研究對象，調查發現祭解的主持者包含道長、法師、靈乩等不同的神職人員，而會有不同的祭解儀式流程、法器、備供品等。會造究多樣化的祭解儀式原因可從宗教與社會兩類變因來解讀。在宗教方面，與漢人的「流年信仰觀」及「宗教管理模式複製」有關，而在社會部分，應與「廟宇的管理」及「農民曆行銷」有關。（張家麟，2017.7）

伍、祭解與安太歲、補運

以本年太歲宮順數一年一宮周而復始為基礎。除了生肖年犯正沖、對沖（犯歲破）「太歲」，得安太歲外，其餘生肖可能沖犯到如太陽、喪門、太陰、五鬼〔註3〕，死符、歲破、龍德、白虎、福德、天狗、病符等流年神煞、凶星。（張家麟，2018：102～104）也有信徒久病祈禳病症好轉或因運途乖張，自認

〔註3〕五鬼的說法有：（一）五方之鬼稱五鬼（二）叢辰名，取象於鬼宿第五星為積尸氣，故名五鬼。曹震圭曰：辰與子水之精，丑與卯木之精，未與酉金之精，午與戌火之精，寅申、巳亥土之精；謂王能生育萬物，四孟為五行長生之辰也，故子年在辰，逆行自然相合也。曆例曰：子年在辰，逆行十二辰。（黃福全，2010.7）

為干犯車厄、水火、歲破、小人、病符、劫煞等煞神、關煞〔註4〕，到宮廟參與祭解儀式，以期避免未來一整年可能發生的災厄。

　　在漢人民間信仰中，流傳著因出生八字日柱的天干、地支對照出生年的天干、地支，而形成各種的童子關或稱「小兒關煞」、「囝仔關」，因此孩童父母，有為孩童作驅邪禳災儀式的觀念；也會用祭解的儀式，來達成解除災愆「過關渡限」棄除歹運，以求平安的目的。因此為了制住凶星、關煞，祈求消災解厄、趨吉平安，借由模擬有人形的紙人或草人，來替代生人代受災殃，而執行「祭」而後制送煞（星）「解」除厄運的，「祭解」儀式應運而生。

　　此外，台南臨水夫人媽廟中神職人員——紅頭仔（紅頭師（司）公）在為信眾作過兒童關煞及祭改補運等儀式，可看出神職人員在地方社會所扮演的角色，以及一般信眾對該信仰的心理需求，試圖瞭解神職人員與地方社會之間的象徵意義及社會、文化網絡關係。（康詩瑀，2007）

　　此外，尚有宮廟以過七星橋作為祭解儀式內容，（林新欽，1995.3：72～75）而法教小法團以造橋過限儀式，象徵解除穢氣邪煞，過關度限，人人走平安橋，讓一年過得平安順遂。（吳永猛，2001.6：197～224）此外，在台南地區的西拉雅族也舉行過七星橋的漢人科儀，其也具有解厄保平安的意涵，可望趨及避凶。（王文志，2005.1：47～65）

　　蹤觀上面的文獻，可以歸納出下列幾點意義：

　　1. 祭解最早只太歲或歲破，到元朝才出現通書裡的十二個凶星、吉星與關煞的名稱。現在台灣地區各宮廟發行的農民曆中，生肖年與祭解的關連，選用的是清朝《欽定協定辯方書》中的星神、關煞名稱，由此可見該通書的影響力。

　　2. 台灣從南到北已經有不少學者投入祭解儀式的描繪，大部分聚焦於道教道士所主持的祭解個案，連外國學者也關注到此議題，而把它視為道教重要的科儀。然而事實上在葉春榮及張家麟的調查研究中，除了道士主持祭解外，尚有法師、乩童、佛教師父、釋教香花和尚等跨教的神職人員主持祭解。

　　3. 祭解的實證及經驗科學研究，也被學者關注。著重在祭解的醫療、參與祭解者的動機，甚至用長時間的追蹤調查探索參與者對祭解儀式的各項效

〔註4〕關煞是指一個人在生命中注定會碰到的關卡，遇到關煞時，運氣會比較不順遂，在某方面的行事需要特別的小心。（張懿仁，1996：57）

果。比較有趣的是，參與原因不一定是傳統的生病因素前來祭解，打破祭解只具醫療效果，而有新的療效的發現。

4. 將祭解與安太歲、補運連結在一起，已經被部分學者關注，而這也是本文要討論的重點。因為筆者過去學習道法二門時，師父教導的「祭解」就隱含請神作主、去除凶星惡煞與為信徒補運的作為。筆者也在此思想框架下，投入本研究的調查及書寫。

第三節　研究問題與方法

壹、研究問題

本研究基於過去學界在祭解研究的基礎上，以歷史為「經」，持續探索此儀式在歷史進程中相關的思想、法術。再以台北地區台北府城隍廟、霞海城隍廟、台北關渡宮、大稻埕慈聖宮、台北大龍峒保安宮、台北法主宮等 6 個宮廟為「緯」，理解當代宮廟的祭解現象。將之對比後，探索其變化的趨勢，並嘗試挖掘其變化之原因。

在此思維下，聚焦討論以下幾個問題：

一、祭解的歷史問題

（一）在中國歷史發展過程中，與祭解相關的思想、儀式是什麼？

（二）祭解儀式傳到台灣後，在清朝、日據時期有哪些歷史紀錄？其意涵為何？

二、祭解的當代現象

（一）祭解儀式的核心內容是什麼？又有哪些相關的用品？

（二）當代台北地區宮廟的祭解儀式具體內容為何？其又有那些異與同？

三、祭解的變遷及因素

（一）比對歷史及當代台北地區的祭解，其變遷現象為何？

（二）比對歷史與當代的祭解變遷差異現象後，試圖探究有那些因素造成這些變遷？

以上這三個類六個問題，將構成本文的研究焦點及研究架構（research framework）。

貳、研究方法

一、文獻法

本研究將廣泛蒐集過去有關祭解的論期刊、博士碩士論文及書籍等資料，並從相關資料中做次級資料（secondary data）的整理。文獻分析以「分類」為起點，先將文獻「分門別類」，再運用「歸納」（neductive method）、「演繹」（aeductive method）及辯證（dialetic method）方法，對資料作合理的輔陳、對比和理論的對話。

據此，本研究廣泛收集過去有關「祭太歲到祭解凶星關煞」、「祭解儀式個案研究」、「祭解與動機、醫療」、「多元神職人員祭解」與「祭解與安太歲、補運」相關等資料，再把這些次級資料比對於社會調查的原級資料，根據本研究的問題與研究架構，論證這些資料。

二、社會調查法

在社會調查法中，研究者親身參與觀察紀錄是其中一項重要路徑。筆者以台北市政府民政局登記有案的宮、寺、廟宇為初步研究範圍，再從這些廟宇中找出長年除特殊節日（如廟慶、過年、三元節或為配合政府防疫等規定而暫停等特殊節日）外，白天都有為不特定信徒，施術祭解儀式的宮廟。

因為此文主要為記錄平常宮廟的祭解儀式，所以會將這些宮廟因為特殊節日（如廟慶、過年、三元節或特殊非常態之科儀等特殊節日）所施行的祭解儀式排除在觀察內容中。為求能真實呈現及記錄，觀察範圍內的宮廟將以不特定日進行 2～4 次的社會宗教調查。

因此，選擇台北府城隍廟、霞海城隍廟、台北關渡宮、大龍峒保安宮、大稻埕慈聖宮、法主宮等宮廟中的祭解儀式為調查對象，在 2018 年 4 月至 2019 年 12 月期間，多次深入廟宇情境中。

不只如此，筆者尚且親身參與儀式，觀察、拍攝照片的執行，並將重點聚焦在：

1. 祭解儀式的空間、流程及時間？
2. 道士操作的方法、法器及咒語？
3. 廟方準備的供品、疏文及收費？
4. 信徒參與的狀況？

並於現場或儀式結束後作紀錄，如有不清楚之處，再進一步訪談儀式主

持者。

三、比較法

個案研究是社會科學研究的基礎，而「比較研究」是個案進階研究。由於筆者初步觀察當代台灣祭解的樣貌差異性甚大，乃決定捨個案研究，而挑選「小樣本數」（small-n cases）的比較研究策略。希望從有限的樣本個案，理解當代台灣祭解儀式。

本研究的比較著重在兩個部分：1. 將歷史的祭解與當代宮廟的祭解作比較；2. 當代 6 個宮廟個案作比較。前者比較的基準為「祭解的時間」、「祭解的空間」、「祭解的凶星、關煞」、「祭解請的神明」、「祭解的神職人員」等概念。後者比較的基準為：「祭祀補運」、「解送煞神」、「圓滿」等 3 個概念。

在此比較視野下，理解整個歷史脈絡下祭解的變化；及當代台北地區 6 個宮廟祭解狀態的異同。筆者試圖從中解讀這兩類比較之後的差異，及嘗試論述構成差異的原因。

參、研究流程

本研究依照社會科學研究的步驟從疑難點出發，同時閱讀相關文獻後形成問題意識發展成假設，據此確定了研究範疇，運用社會調查法蒐集原級資料，資料回收後加以登錄，最後進行分析及檢證原有假設再撰寫本文。

茲將本研究步驟繪圖如下：

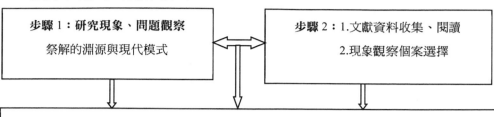

步驟 1：研究現象、問題觀察
　　祭解的淵源與現代模式

步驟 2： 1.文獻資料收集、閱讀
　　　　　　2.現象觀察個案選擇

步驟 3：研究問題形成

1.在中國歷史發展過程中，與祭解相關的思想、儀式是什麼？

2.祭解儀式傳到台灣後，在清朝、日據時期有哪些歷史紀錄？其意涵為何？

3.祭解儀式的核心內容是什麼？又有哪些相關的用品？

4.當代台北地區宮廟的祭解儀式具體內容為何？其又有那些異同？

5.比對歷史及當代台北地區的祭解，其變遷現象為何？又有哪些因素形成這些變遷？

步驟 4：社會調查
1.台北府城隍廟、2.霞海城隍廟、3.台北關渡宮
4.大龍峒保安宮、5.大稻埕慈聖宮、6.法主公廟

步驟 5：原級資料收集：參與觀察資料

步驟 6：資料整理：深度訪談資料整理

步驟 7：資料分析與綜合 比較方法

步驟 8：論文撰寫與初稿
1.書寫第 2～4 章、2.研究發現、3.初稿完

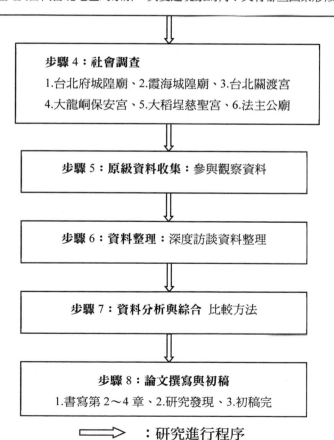

⟹ ：研究進行程序

圖 1-1 本研究進行步驟圖

第四節　預期研究目的與章節安排

壹、預期研究目的

　　本研究主要的焦點在於台灣祭解儀式是否堅持傳統或改變？藉此切入，企圖透過祭解儀式的過程、意涵以及儀式上所使用的法器等，找出祭解是否在社會變遷中堅持傳統還是改變傳統的關係。因此研究結束後將可以達到以下幾項具體的目的：

一、重新釐清祭解與歷史相關的思想及儀式

　　本研究將爬梳古籍與學者研究文獻，探究祭解思想、儀式的內容，預計從「煞」、「祈禳術」、「咒禁術」、「解除術」及「巫與閭山派」等面向來理解祭解在歷史脈絡中的思想淵源、變化，以及牽涉到那些儀式；另外也整理清朝與日據時代台灣地區的官方文書與調查報告，欲探索形成現今祭解儀式的雛形。

二、探索當代祭解與傳統祭解的流變及原因

　　在瞬息萬變的當代社會中，祭解儀式為了因應當代的社會生存而產生變化。其變化的原因是什麼，是本研究要探討的重點，因此對台北府城隍廟、霞海城隍廟、台北關渡宮、大龍峒保安宮、大稻埕慈聖宮、法主宮祭解儀式作一個完整的描述與紀錄，提供研究成果讓學界參考。

　　上述二項研究目的中，第一項屬於學術研究目的，第二項屬於理論建構目的，希望本研究可以提供學界作參考，並可以創造學界在建構象牙塔理論過程中提供給祭解之參考資料。

貳、章節安排

第二章　祭解儀式的思想及根源

祭解儀式的思想及根源，與漢人自古流傳下來的「萬物有靈論」（Animism）思想及「泛煞意識」有關，這樣的一種泛煞意識，使得一般人認為疾病或苦難災禍的形成，往往與煞氣、神煞的作祟，造成沖犯不祥而生病或遭災有關。早期人類為能解除「煞」所象徵形成的破壞力及可能的未知災禍，在巫術的影響下發展出一套對應的「祈禳術」，希望藉以祈禳術的法術，將未知的病厄、災禍以禱詞及儀式來祈禱解除或祈以不要發生，以祈得到能幸福生存的目的；而祈禳的目的主要包含有以治療疾病為目的的「咒禁術」，以及為化解消除一切「可能會」或已經發生的災厄禍事，為目的的「解除術」；為能更有效率且直接的對抗「煞」所形成的病痛及災禍，因此祈禳術會因為施術的目的不同，而施以不同效果的禱詞及法術，以祈禳更直接且有效率的法術儀式，使疾病得痊癒災禍得化解，達到真正能幸福生存的目的。

第一節　「煞」的思想觀

壹、煞氣

祭解儀式中，很重要的一段儀式，就是祭送煞神（星），這與漢人自古流傳下來的「萬物有靈論」（Animism）思想及「泛煞意識」有關，這樣的一種泛煞意識，使得一般人認為疾病或苦難災禍的形成，往往在於煞氣、鬼邪的作祟，或是因外在環境的失序，造成沖犯不祥而生病或遭災；李豐楙在《歷史月刊》中〈煞：一個非常的宇宙現象〉一文中認為，從字源學來解釋「煞」

的構字，李豐楙認為：部首從「灬」得字本就是一種氣或炁的狀態，「勾攵」則是支打「勾」的會意，應是一種被驅打之物或形狀。（李豐楙，1999.1：37）在漢代前「殺」與「煞」同義，到漢後才造出「煞」取代「殺」，當時二字是可通用或兼用的，其後才專用煞字。李豐楙認為「煞」：一個「非」常的宇宙現象，「煞」是惡炁、是陰陽不均的失衡、失序，而成為一種與神相對的力量。在神、煞並存的宇宙觀中，就如太極，有陰有陽，既有正就有邪，既有神就有煞。依陰陽相對的思維模式來思考，因氣的形成變化而生成天地宇宙乃至萬物，當陰陽之氣處於和諧的均衡狀況下，即是產生正常之氣；換言之當這一股正常之氣滲透到人或物之後，產生各種正面能量，即是生育萬物的常氣、生氣，亦是「常」、「規律」、「秩序井然」。但當這股氣被干擾破壞之時，照成「失衡」、「失律」、「失序」的「非常」狀態下，而這股干擾破壞的「非常」之氣，在漢人民族即將之理解視為所謂的「煞」氣，而一旦陰陽失調，五行失序，則認為邪「煞」之氣壓過正氣，即煞勝過神、或沖犯煞神煞氣，就會影響人的精神、健康狀態，甚而改變人的運氣運勢。從古至今，從祭煞的儀式可知漢人在陰陽互補的思維模式中，這種類似「常與非常」，正邪相對、神煞並存所感應於時間空間的二元結構思想，完整保存於信仰習俗中，而這樣的二元結構的集體「煞」思維，如按照法國，社會學、哲學、人類學家列維－布留爾（Lvy-Bruhl, Lucien 1857～1939）的「原始思維」言，即是近於「互滲律」（particpation）乃是「集體表象」之間存在物與客體之間的神秘的互滲、互為影響。因此而使客體產生「失衡」、「失律」、「失序」的現象。

貳、神（星）煞

《中國方術大辭典》對神煞的定義是：

> 神煞亦作「神殺」。包括吉神和凶煞。源於遠古的神話傳說。謂能致禍福於人類。戰國秦漢時的方術之士，以陰陽五行配合歲月日時，附會人事，借用部分星宿的名目，造出許多吉凶神煞，稱叢辰（見《史記》一二七《日者傳》）。後來隨著道教的興起和佛教的傳入，神煞的名目越來越多。神煞既可輪值於年、月、日、時，又可居於四面八方，甚至隱於人體各部。故擇日家、星命家、風水家都要利用神煞來判定吉凶，以作趨避。吉神或吉星有天德、月德、天喜等，惡煞或凶星有勾絞、羊刃、十惡大敗等。（陳永正，1991：41）

《中國神秘文化辭典》則主要從星命術入手對神煞作了定義：

古代星命家認為，星宿與人生有密切關係，不同的天空和時間區域，有不同的星宿輪值。星象占命的觀念起源很早，夏商時即有記載。唐代社會普遍流行星宿照命之說，韓愈曾自歎命宮磨蝎。宋初的星命家將占星術與推命術結合，創立了神煞論命說，即以出生的年月日時配神煞，若當值的是吉神，則為吉神入命；當值的是凶煞，則為凶煞照命。宋代以後，神煞的名目不斷增加，到清代末，竟達百種之多。神煞是封建迷信的產物，反應了唯心主義的宿命觀。（尹協理，1994：245）

而本文祭解儀式中所「祭而解之」的各種煞神（星），即是隨著時間，「年」為單位而更替的各式年煞〔註1〕，直接或間接，影響人們生活上各種「規律」、「秩序」、「平衡」而使授儀式參與者感到未來一整年，會因這些「失衡」、「失律」、「失序」、「不合諧」的「非常」之氣，而影響，看待呈現的方式就是：其為氣或炁本為宇宙之本然，故不能訴以強力的消滅使之消失，而是以「和」為貴之法，先祭祀而後解送之；而威逼之力只是一種實力的展現，目的是驅離出「境」。（李豐楙，2003：457）除去邪煞所象徵的破壞力，才能回歸、回復均衡、和諧的本初狀態。以祈禳解送煞神後能求得一年之平安順遂。

要如何解除這種有關「煞」所致的生存危機，就需分別根據情況，而採用各適其宜的祭送與解除的法術及儀式，來驅除這些具有陰邪、不正的力量。因此為了制住凶星、關煞，祈求消災解厄、趨吉平安，民間信仰的習俗，有關「煞」的法術、儀式及辟邪物，廣泛存在常民的生活中，從日常的居住習慣到諸般生命禮儀，無不表現了一種不自覺的趨避原則。因此而求助於施術人員，施以各種解除、禳鎮、祭解等儀式，期望借由印有人形的紙人或草人等

〔註1〕協紀辨方說：太歲為百神之統，俗稱之年中天子。依太歲星為歲之首，歲首以駕排有十二位，皆以年順數，《果老星宗卷》一〈駕前神煞歌〉所列如下：「歲駕劍鋒伏屍寄。二為天空仍可畏。門地雌孝服來。四為貫索勾神慮。官符五鬼及飛符。死符小耗月德具。歲破大耗闌干併。八為暴敗天厄至。九是白虎及天雄。天德絞殺卷舌忌。十一弔客與天狗。十二病符陌越位。」又依《宗鏡說》〈李淳風四利三元〉：「一太歲、二太陽、三喪門、四太陰、五官符、六死符、七歲破、八龍德、九白虎、十福德、十一弔客、十二病符。」太陽、太陰、龍德、福德為吉，餘方皆凶。之說，有宮廟壇等施術單位，將年犯太陽、太陰、龍德、福德之沖犯者排除在必須參加祭解之列中。

的代生人物，來替代生人代受災殃，而執行「祭」而後，解送煞（星）以「解」除未來可能發生的災厄之運。

　　漢人為能除去邪煞所象徵的破壞力，自然也發展出一套煞的解除方式，由於煞氣本身是帶有著，邪煞之氣與凶煞之力的陰陽相對思維共存模式之象，所以在煞的處理上須採取和解與驅離的方式來化解，並不像是鬼怪之類的，可以用滅除的方法來解決其凶煞之氣，因而民間即會有一連串避煞、除煞儀式的產生，並進一步將「煞」神格化，且賦予「煞」名諱及性格，使其煞神普遍存在於人們的生活空間當中。在台灣，這樣「泛煞」的「非常」狀況表現在構成元素，或方位即是土煞、木煞、水煞、火煞，例如：日治時期桃園「同樂春」傀儡戲園張國才演師的一則〈敕鹽米咒〉為例：其主體內容的部份也相當於厭勝解除儀式常用的「五方咒」：

> 吾鹽米中，打破內外出神煞，急走無蹤跡。
>
> 一起東方甲乙木，木神木煞出外方。
>
> 二起南方丙丁火，火神火煞出外方。
>
> 三起西方庚辛金，金神金煞出外方。
>
> 四起北方壬癸水，水神水煞出外方。
>
> 五起中央戊已土，土神土煞出外方。
>
> 天煞趕回天上去，地煞趕在地埋藏，
>
> 人煞人消散，鬼煞鬼滅亡。
>
> 五方凶神惡煞，趕退出外方。（宋錦秀，1994：201～202、208）

　　而相同的概念，表現在環境即成聲煞、氣煞、光煞、味煞，表現在空間裡即是天煞、地煞、反弓煞、路沖煞等各種堪輿中「非」常之煞，表現在時間即是年煞、月煞、日煞、時煞。清・乾隆 29 年（1764 年）臺灣府知府余文儀，加以補修的《續修臺灣府志》卷二十五。即有一段記錄：

> 臺俗除夕，門設紙虎，祭以鴨，焚之，謂可厭煞；余名之曰焚虎。
>
> （余文儀，1993）

並附錄有焚虎詩：

> 階前金薄印於菟，燃虎焚香達九衢。好趁春前辟盧耗，新年事事要歡娛。（范咸，2005）

這段記錄在清治時期，臺灣俗習會於除夕日，《重修臺灣府志》卷十三・載：

殺黑鴨〔註2〕以祭神，謂其壓除一歲凶事；為紙虎，口內實以鴨血或豬血、生肉於門外燒之，以禳除不祥。（周元文，1960）

　　第三首寫臺俗於除夕當日，有殺黑鴨祭祀、作紙虎，紙虎的嘴裡塞上鴨血或豬血、生肉後，祭拜後將紙虎焚燒，以祛除不祥的習俗，此即焚虎之儀式。「鴨」與「壓」諧音，有厭煞免禍之意，有趣的是為什麼要在紙虎的口中塞或抹上鴨血或豬血、生肉呢?其實這就是模擬巫術及象徵巫術的儀式，如同祭解儀式中臺灣民間普遍認為白虎帶煞，將象徵白虎的紙虎先以賓客之禮祭之，後嘴裡抹上鴨血或豬血、生肉，象徵著餵食了白虎血食，並謂其已吃飽，而人們相信當白虎吃飽後將不再為禍，祭拜完畢後就將白虎送走，就如同是將煞神送走，並可得一年之平安，故以焚燒紙虎之儀式來象徵除煞解厄。此一儀式正如同祭解儀式中的「解送煞神」其涵義相同，都是先祭祀後送煞神，以祈禳「除耗」驅除惡鬼等不祥之物，求消災解厄的習俗。

第二節　祈禳儀式

壹、涵義

　　據教育部重編國語辭典修訂本〔註3〕釋義，祈：為向神明求福。如：「祈禱」、「祈福」。《說文解字‧示部》：「祈，求福也。」《詩經‧周頌‧噫嘻‧序》：「〈噫嘻〉，春夏祈穀于上帝也。」漢‧鄭玄‧注：「祈，猶禱也，求也。」。禳：為祈求解除災禍、疾病的祭祀。《廣韻‧平聲‧陽韻》：「禳，除殃祭也。」。從簡單的字義即可了解祈禳之「祈」即祈禱，「祈禳」之意即是指：「禱告神明以求平息災禍、解除疾病的祭祀。」

　　而道教繼承古代祭禮儀典中有關祈禱的內容，更多吸取民間巫術中禱告神明的做法，形成自己的祈禱方式，「禳」又稱禳災、禳解，指行法術解除面臨的災難。為祈禱上天降福，而消除災禍也。祈和禳是相互配合的，統稱祈禳。道教大辭典則解釋為：「『祈禳』道家謂祈晴禱雨，求福禳災等事，稱為祈禳也。道士則以齋醮科儀行之。《文選東京賦》祈褫禳災。（註）禳、除也，

〔註2〕民間信仰認為「鴨」語音中含有「押」或「壓」之音，取其音稱為押煞或壓煞，象徵鎮住煞氣之意可以強化除煞儀式解除災厄的強制性。

〔註3〕教育部重修國語辭典修訂本，http://dict.revised.moe.edu.tw/cbdic/index.html，2020.1.6下載。

災、禍也，謂求祈福，而除災害也。」（李叔還，1992：487）

貳、特徵

祈禳是人類祈盼幸福、退避災禍的信仰行為，他發萌於早期智人階段（Early Homo Sapiens），是受原始思維誘發的心理現象和行為模式。它以有靈觀和有神觀為產生的前提，並以聲音、圖象、動作、自然物和人工物作為心理表達的工具和手段，在其承傳過程中始終具有明確的對象性和功利性。陶思炎，在《祈禳：求福·除殃》一書認為祈禳文化的主要特徵是：「神秘性與功用性的交織，即以主觀的、虛幻的神鬼世界去認知，利用或改造客觀的、實在的自然世界和人類社會；它與巫術、宗教緊密相聯，具有準宗教的性質，但體現著一定社群的價值觀念，它具有世代相襲的承傳性，並作為迷信和俗信在民間長期存留。」在人類生產、生活的各個領域都有祈禳文化的蹤跡，由於物質的匱乏、病痛的折磨、災害的侵襲、人生的困惑、智能的低下、鬼神的篤信、巫術的風行等原因，在原始社會中祈禳文化必然有著廣闊的應用領域。祈禳是前邏輯思維的產物，（陶思炎，1997：1、3、5）他賴以存在的即是萬物有靈論的神靈觀觀念，所以認為一切天災人禍及被視作禍兆的因素等均可，以祈壞的方式禳解消除。祈禳之術一般有兩種情況，若所禳者為小災，或道士用符鎮貼，或請法師禹步念咒灑法水。若祈禳的內容較重大，如遇大災突至，小災不斷，就要請道士舉行齋醮科儀。（劉仲宇，1997：166～167）古代中國人將災禍的發生，往往歸咎于命逢惡運、鬼神作祟，上天示罰等諸項神秘原因，道教的祈禳正好因了此種社會心理而得以長期流傳，道教一開始就將以祈禳來禳解災害作為法術內容，以後發展成門類繁多的體系，大凡古人實際生活中遇到的一切天災人禍，及被視作禍兆的因素等均在禳解範圍之內，形成道教最富特色的法術。

參、祈禳儀式的運用

祭解本身就是種祈禳儀式，在台北區宮廟的祭解儀式，在前半段的「祭祀補運」，道長頭戴冠、身著道服，莊嚴自在站在儀式空間的科儀桌前，引領信眾隨著道長的儀式流程，及誦念聲中隨侍跟拜，先誦唸請神咒，「祈」請神靈降駕儀式現場，道長首先焚香誦唸禱詞，唸誦主事地址與祭解者生辰，後由道長代

宣疏文，祈求神殿中神靈「禳」解之事項〔註4〕，祈禳神靈賜福消災解除病厄，化解凶星關煞，並以擲筊的方式來確認神靈是否已經應允，如若擲得聖杯，即代表祈禳之事項得到神靈的應允禳解。而筆者將祭解儀式，以儀式之內容將儀式分為：「祭祀補運」及「解送煞神」，通過完整「祈禳儀式」來達到「咒禁術」去病的效果，或「解除術」解除災厄的目的。本文的祭解儀式，即是通過祭解儀式前半段由道長以道士的身分來向神靈祈禳，以求禳解消除可能的災禍或病厄，下半段再轉換為法師的身分，以小法的儀式來開光代生人物〔註5〕，並與煞神協商達成共識，來解送可能會造成災厄病痛的煞神（星），讓信眾的壞運都由替身和草人來承擔，由他們將信眾的壞運都帶走，這樣信眾的壞運即能得到解除，而獲得平安。而這樣的儀式正是一場小型的祈禳儀式。

第三節　咒禁術

「咒禁術」是一種淵源於巫術，卻應用於醫療的手法，這種以祝禱治療疾病的手段，即使在「醫巫分家」〔註6〕之後，仍存延數千年並普遍存在於各個不同的宗教之間。

壹、咒禁與巫醫

「咒禁療法」名稱相當多樣，包括「咒禁」、「禁咒」、「禁架」、「禁駕」、「禁法」、「符禁」、「祝禁」、「禁祝」、「越方」、「祝由」等等。（林本博，2009：1）道教大辭典解釋祝由科為「不用藥方，而以符祝治病曰祝由科。」如：《素問》移精變氣論：余聞古之治病，惟其移精變氣，可祝由而已！「由」從也：言通祝於神明，不勞鍼石，病從而可愈已。（李叔還，1992：488）可見祝由術自顧及是一種以治療疾病為目的術法。

〔註4〕現今祈求祭解以禳解的事項已不像早期以祈求祝由禳病為主，以台北府城隍廟的網頁文宣為例更多的是祈禳：消災解厄、官符纏身、將軍箭入命、剪除桃花、祈求家庭圓滿、夫妻和合、管教不聽話小孩等，無形中也放大了以祭解儀式來祈禳的適用範圍。http://www.bobe.org.tw/ceremony_detail.php?ceremony_id=6

〔註5〕此指替身，近代多以紙人、草人為代替災殃的代生人物。

〔註6〕關於醫學的起源，一直有「醫源於巫」或「醫巫同源」的說法。先秦時期的「醫」寫作「毉」，從「巫」，由「毉」到「醫」正是從巫術到醫學的演化過程。並且《說文解字》的「醫」字下有「古者巫彭初作醫」的解釋。這些看似都是「醫源於巫」的證明。

「禁」指的是中國傳統巫術思想中的忌諱或是厭勝，有的時候泛指壓抑人、獸、邪靈鬼魅的法術。（黃鎮國，1999：1；澤田瑞穗，1992：56～60）《說文解字》中，「禁」的解釋之一為：「後漢諸方士能禁鬼神，禁即敕也。『敕』，誡也。」（丁福保編，1959：1339）「咒」含有禱祝和詛咒的意思，這個字是從「祝」字分化出來，在東漢以後才出現。「祝」指的是巫者用美好的語言向上天祈福，以便消災解難的儀式，因此「祝」與巫者之間有相當密切的關係。（黃意明，1991：2）道教大辭典解釋禁咒為：「方士厭勝之術，謂能以己身之炁，禁物而咒之，使如己意也。」（李叔還，1992：494）所以咒禁之術是一種淵源於巫術，卻應用於醫療的手法。祝由十三科〔註7〕亦記載：「有疾病者，對天祝其由，故名曰祝由科。」從現存的文獻來看，祝由術治療疾病在殷商時期就已開始普遍應用，到了秦漢時期更是針對不同的疾病，有了不同的咒禁祝由方。魏晉之後文獻所記載的咒禁術，大都帶有與釋道結合的痕跡。隋朝起至明朝，祝由一科則被納入官方醫學體系，只是所用名稱不同；隋朝稱祝禁科，唐朝稱咒禁科，宋朝稱金鍼兼書禁科，元朝和明朝稱祝由科，（丁媛等，2015.5：14）也是中醫療法中的一種特殊療法。咒禁術療法能在早期醫療體系中佔有重要地位，與中國人的疾病觀有重大關聯。傳統中國醫學仍將鬼、神、煞氣、承負觀等因素，視為造成疾病的主要原因之一，因此中國的傳統醫學一直無法完全去除巫術的成分。不過隨著近代醫學的發達，咒禁術運用在醫療的地位也逐漸下降。

在早期巫醫同源醫療不發達的時代，醫術和巫術沒有明顯的區別，這點可以從早期醫術的醫字在古代又寫作「毉」〔註8〕字可以略知一二，醫藥萌芽於人類命運還主要掌握在自然手中的時代。在古代的文獻裡巫與醫常常連稱並舉，醫療也是巫者最主要的職務和技能，當時巫者常以禁忌和鬼神因素解釋病因，由於人類對自然存有畏懼和崇拜，鬼魅引起病厄觀念占據了病死么殘等災厄的支配影響地位，人們遭遇疾病或災難，便以祭祀、祈禱和巫術的

〔註7〕據《中國歷代官制詞典・太醫院》記載，元朝太醫院所定的十三科是：大方脈科、雜醫科、小方脈科、風科、產科、眼科、口齒科、咽喉科、正骨科、金瘡科、針灸科、祝由科、禁科，而明朝太醫院所定的十三科是：大方脈科、小方脈科、婦科、瘡瘍科、針灸科、眼口齒科、接骨科、傷寒科、咽喉科、金鏃科、按摩科、祝由科。雖然清朝廢除「祝由」，但滿族的薩瑪教，對患病者除以醫藥治療外，同時以「跳神」為患病者驅役鬼神，這已是「祝由」的一種。

〔註8〕在《集韻》提及醫與毉同，醫或從巫。（中文大辭典編纂委員會編纂，1993）

手段乞憐於神或靈甚至是鬼的乞憫、解除及護佑來醫病，於是產生了以咒禁術為人醫療的巫醫。在原始社會進入文明社會早期的這段歷史期內，醫術一直是巫術的附庸，治病救人的工作一直被巫所把持。早期的巫師為人治病，既用巫術也用藥物。一部分施巫人掌握著民間的經驗藥方，又以能與鬼神相通的姿態給人治病，他們的存在給原始樸素的醫藥知識蒙上了一層迷信的色彩。到了漢代隨著醫療技術的不斷發展，醫學逐漸從巫術的束縛下獨立出來。即便到了唐代巫術療法「咒語」、「符籙」仍普遍存在。孫思邈在《千金翼方·禁經》專講提到對於唸咒語治病，他認為禁咒、符印與湯藥、針灸、導引一樣，都是救急之術。

貳、歷代巫醫的發展

　　有關巫術醫療略做簡介於次：巫術的醫療方法是使用咒語和符籙為主，及其以符咒為基礎所發展出之各種巫術。最晚從戰國時期開始，逐漸看到一些有別於巫師的專業醫者出現。到了漢代，醫者在人數上更是大幅增加，在醫療市場上逐漸能和巫醫分庭抗禮，而且他們的醫療知識也逐漸系統化，像醫學理論的經典《黃帝內經》和藥物學的《本草經》集結成書。西漢初年淳于意的「診籍」成為後代「醫案」或「病歷」的範本，當時的漢醫以皮毛、肌膚、骨骼、四肢、五官、臟腑、經脈、氣血來解析人體的構成元素，對於人體由胚胎、嬰兒、孩童、成年、以至衰老的生理變化，已有清楚的觀察和認知。在診斷技術方面，已發展出以診脈為主的「望聞問切」之術。對於病因的解釋，則摒棄鬼神之說，以風雨、寒暑、飲食、居處、喜怒、陰陽（房中術）解釋生病的緣由，並以針灸和藥物做為療病主要方法。歷代雖然不乏對於咒禁療法的指責，如司馬遷認為扁鵲所謂「信巫不信醫」是六種無法治癒疾病的原因之一，宋徽宗也曾「詔禁巫覡」，但均無法改變咒禁療法以及巫術的存在。其最主要原因，在於對古人而言，在缺乏現代科學觀的情況下，並不存在自然與超自然間的差異。就算咒禁療法中的某一項法術失效，影響的僅是這條禁方本身，而非整個咒禁療法的地位。如李約瑟（Joseph Terence Montgomery Needham）言，人類社會歷史只有在較晚時期，才有可能區分方術與科學，這一點是中國文化從來無法獨立達成的，這樣的說法有助於理解巫術在中國醫療史上的地位。雖然最晚到戰國後巫與醫已見分家，民間對於咒禁醫療仍深信不疑，包含當時的醫書中，咒禁醫方也佔有相當程度的篇幅。但在醫藥不

發達的地區，甚至是社經地位較低下的階層，因為經濟或醫藥取得不易或迷信的因素，咒禁術仍然存在。

東漢、六朝時期釋道兩教的發展，使咒禁療法在醫療體系的市場遭到瓜分，處境更是雪上加霜。尤其是道教，起源於中國，以符水咒術提供醫療服務崛起，而其提供醫療服務的理論基礎及做法，與巫的咒禁療法如出一轍，但因道教在六朝的快速發展，是以與傳統巫術相結合的，因此咒禁術快速被道教取代，以致於後人提及咒禁術時，只知有道教而不知其淵源於傳統巫術，彷彿咒禁術自始即從屬於道教。（林本博，2009：3）

隋唐時期是咒禁療法在中國發展的一個轉捩點，卻也是一個矛盾點。理論上，隨著人文精神的昂揚以及醫學的高度發展，咒禁療法這種偏向原始的醫療行為應該會逐漸被取代而消失，至少也會落入社會底層，而成為次文化。而咒禁術在中國上古到六朝時期的發展，似乎也呈現這種態勢。可是在隋唐時期，咒禁術竟然得以在太醫署中設科，一躍而成為官方認可的醫療方式，甚至早於針科，且咒禁師或精通禁術的道士，往往能獲得帝王的青睞。

用祝由術治療的疾病，其病因在古人看來多是鬼神、蟲獸等作祟，故而用祝由術來驅除作祟的病邪。隋代高僧智顗在《童蒙止觀——治病第九》就說道：「金石草木之藥與病相應，亦可服餌。若是鬼病，當用強心加咒以助治之。」例如，一些精神神志異常、過敏反應、細菌病毒感染等，在當時的醫療條件下，大多被視為鬼神作祟。而對某些疾病方藥、針灸等醫療方法罔效，而用祝由術卻有一定的療效。有些疾病發生和發展，與人的心理因素有著千絲萬縷的聯繫，而祝由術對心理治療的作用應該得到肯定，它能增強患者驅邪抗病的意志和信心，有助於其擺脫因疾病帶來的消極情緒，更有利於疾病的康復。有些疾病即使康復無望，也希望通過占卜祝由尋求心理安慰。漢代王充在《論衡·明雩》云：「夫知病之必不可治，治之無益，然終不肯安坐待絕，猶卜筮求祟，召醫和藥者，惻痛殷憋，冀有驗也。」卜筮求祟之後，自然要祝由禳病，故而祝由術經常成為古人的最後一根救命稻草。

董芳苑在《認識台灣民間信仰》一書指：「『巫術醫療』的病理診斷是宗教的（religious），不是醫學的（medical），因為它採取「宗教因果」（causality of religion）來說明病理，非「科學因果」（causality of science）。」文中並舉例：「倘有婦人不孕，依巫術的病理診斷是：陰間路上花園裡那棵「生命之花」枯萎了，醫療的方法是招請法師進行「栽花」巫術。倘有婦女流產，法師的診

斷即沖犯「流蝦」（一種關限煞神）〔註9〕，醫療方法就是行「送流蝦」巫術。
遇有精神異狀的患者求助於童乩，他就乩示沖犯了某種妖精之故，治療方法
就是驅邪壓煞這些實例在在指出「巫術醫療」的診斷法係來自「宗教因果」
的推定，完全與「科學因果」的病理診斷相反。（文榮光，1982：108～113）
某些醫師及學者都能肯定巫術性療法（民俗療法）具有某一程度心理治療的
效果。（董芳苑，1986：259、272）

　　1982年時任高雄醫學院精神科主任的文榮光醫師，其在「民間信仰與社
會研討會」所發表的「要神也要人——精神疾病與民俗醫療」這篇文章裡面，
對於其採集，包括文化人類學、心理學、醫學、公共衛生學，以至民俗學各範
圍專家論點的觀點，做出：「西醫療法」與「民俗療法」合併應用可以協助精
神病患者者痊癒之事，曾經做過肯定性結論。其認為「要神也要人」的醫療
方法，還是有它存在的價值。（文榮光，1982：102～115）這段敘述剛好呼應
了在日治台時期，《民俗臺灣雜誌》一篇關於〈紅頭師公〉的報導這樣敘述：
「如果你查查台灣的舊俗，你會驚訝於師公強大的影響力！大小事都找師公，
嬰孩不舒服也會叫師公來收魂，不管甚麼病，還是叫師公吧，不是說『也著
人也著神』嗎？」。（和田漠、林川夫譯，1995：1）此亦說明祭解一類的宗教
醫療儀式，暫且不論其是否真有醫療實效，但不可否認的，儀式的過程卻可
為被施以咒禁術者，或其關切之家屬帶來極重要的「宗教醫療心靈安慰劑」
作用。

　　早期道教醫學（宗教）醫療，首重在病人自我的懺悔，其次重在道士（祭
酒或鬼卒）將症狀與病人的懺悔寫三官手書，將三份疏文分別呈現給天、地、
水三官以求消除災厄，治療病痛。當時的信道種民認為疾病的出現，表示病
人在道德上犯了錯誤，懺悔與正確的生活才可以免於疾病。病人先進入「靜
室」中靜坐懺悔，道士再幫病人將姓名、症狀、種種行差踏錯書寫在疏文上，
接著道士齋戒沐浴，進入靜室焚香，向四方上天禱告，同時存思冥想，將疏
文轉達於天，天庭中有負責各種疾病的一千兩百位文武神官，即會分門別類
地處理病人的疾病，以求行禳解。

〔註9〕董芳苑文中註解流蝦（亦稱流霞）為胎神是錯誤的，應是依據八字命理來推
　　　算得出的關限神煞，有一流霞歌訣：「流霞易記歌訣：甲雞乙犬丙羊加，丁猴
　　　戊蛇己見馬。庚辰辛兔壬是亥，癸日遇虎是流霞。」即是：出生八字日干甲
　　　任一柱地支遇酉即是犯流霞煞，日干乙任一柱地支遇戌即是犯流霞煞，依歌
　　　訣類推。另一種是因流年運勢之故，無形中沖犯流霞煞星。

東漢之後，根據六朝時期的文獻紀錄。當時替人治療疾病的可以有四種人，醫者用「湯熨散丸」（針灸和藥物），僧尼用「齋講」（齋戒講經），道士用「奏章」（上章悔過），巫覡用「解除鬼禍」（厭勝禱解禳除）。（林富士，1999.3：1～48）可知上章悔過是道士特別強調的治病做法，而巫覡的「解除鬼禍」其義就同現今道士在祭解的第二段儀式時，轉換身分為小法法師，執行解送煞神中的謝（送）外方（指遊方亡魂）祭送五鬼、白虎、天狗等神煞的函意相同。

李豐楙也指出六朝古道書的撰寫造構時期，正當中國疾疫、戰亂、洪水時期，道教中人承襲兩漢以來氣化思想，並改造徵應的天人感應學說，藉以建立一套劫數、末世的宇宙觀，教導信眾相信瘟疫之流行，是因為人世間的失序「尊卑不別，上下乖離，善惡不分，賢者隱匿，國無忠臣，亡義違仁，法令不行」所導致的「天遣疫，瘟神行疫的懲罰思想」（李豐楙，1993：254）要能夠免除疾疫就需要每個人從行為做起，懺悔改過，人世間恢復道德倫常，從而元始天尊等最高神才會收回鬼主瘟神。道教延續古代巫術密法，能夠攝鬼治病，後來演變為齋會、懺儀以至禳瘟醮科。（李豐楙，1994：353～422）

咒禁術是一種原始巫術，是人類社會早期治療疾病的手段之一。在「醫巫分家」之後，咒禁術並未在醫療活動中消聲匿跡，仍然應用於疾病的治療和預防。這樣的疾病觀與醫療觀，仍然保存在今日我們可以看到的道教及民間信仰的儀式中。而本文要談的祭解儀式，根據李豐楙的考察，閩粵移民渡台之初，執行「道法二門」的「客仔師」也將故鄉「改運」與「補運」的儀式，帶到臺灣。（李豐楙，1995：829～861）道教中有「安太歲」、「進錢補運」、「拜斗」「過關限」、「祭解」等儀式，亦是針對個人求平安、醫療、延年益壽的儀式。這些儀式在一些宮廟，可以因講究而分開執行，也可以把不同項目結合執行，就同現在祭解儀式，即為將祈福的補運，與解送五鬼、白虎、天狗等神煞，以祈禳災斷除厄運，相結合成台灣地區的祭解儀式。

無論是早期或今日，簡單或複雜，補運祭解儀式，其核心觀念是大同小異的，包括有病人的懺悔、道士的中介角色，天上星辰影響人世間的禍福吉凶的觀念。無論進行的儀式簡繁不一，由道士、廟祝、乩童甚至效勞生扮演的中介角色，領導求術病人上章懺悔，將原先出錯的生活調整回，道德倫常的軌道之外，也需要天、地、水三官同意恢復病人的健康，以取得病人與天、地、水之間的和諧與平衡。以祈禳天地水三官能降福去病。

這樣的疾病觀與醫療觀並不限於心理疾病，而是適用到任何身體或是心理精神上的疾病。在道教醫療觀來說，即使是身體的疾病也需要，病人自身的反躬自省，才會徹底的痊癒。

第四節　解除術

壹、源起

根據連劭名在《漢晉解除文與道家方術》一文的研究，他認為「解除」的是起源于古代的「儺」。(連劭名，1998：75) 先秦時代的巫醫及人們將病因歸諸於疫鬼和厲鬼的作祟，因此必須舉行「大儺」以「驅逐疫鬼」〔註10〕，而東漢書籍‧劉熙的《釋名》解釋「疫」字為「有鬼行役也。」，而王充的《論衡‧解除》提到古代「逐疫」之由來，謂：「解逐之法，緣古逐疫之禮也。昔顓頊氏有子三人，生而皆亡，一居江水為虐鬼，一居若水為魍魎，一居歐隅之間主疫病人。故歲終事畢，驅逐疫鬼，因以送陳、迎新、內吉也。世相仿傚，故有解除。」(王充，2013)

王充認為：用「解除」驅逐鬼神的方法，是延襲古代驅逐疫鬼的儀式；因為顓頊氏有三個兒子，生下來就變成鬼，專門用疫病害人，所以在每年年終，人們就驅逐疫鬼〔註11〕，藉以送舊、迎新、納吉。當時的人們上相互仿效，因而產生「解除」的方法。另外，張衡的〈東京賦〉及應劭的《風俗通義》皆有「大儺」及驅逐「群癘」、「孤魂野鬼」等的描述。而「解除」的獻祭除災術儀，始見於先秦時期《莊子‧人間世》篇所言：「做解之以牛之白顙子，與豚之亢鼻者，與人有痔病者，不可以適河。此皆巫祝以知之矣，所以為不祥也。」魏晉時人郭象對此註釋說：「巫祝解除，棄此三者，必妙選騂具，然後敢用。」雖然此段文意是在闡述在行解除術時，獻祭不可用之犧牲祭品及不可參與之隨祀人員，但已顯見當時行解除術時，不只有儀式還有祭品，從以上的文獻可以理解古代在面對瘟疫疾病等病厄時，相信是癘鬼作祟，必須舉行某種儀式來除罪，於是施術行「解除術」來驅逐群癘以求解除厄運、病

〔註10〕用來驅鬼逐疫的巫術是指「咒語」和「符籙」；「大儺」是指巫師〈方相氏〉戴著如「青面獠牙」的黃金四目熊皮面具，以驅逐疫、厲鬼。

〔註11〕雖然王充並未敘述是以何種方式驅除疫鬼，筆者推估應該也是以「大儺」的儀式來執行。

疫去災殃。「解除術」是源起於原始巫術的一種，在初始是一種從古代逐疫方術、習俗演化而來的巫術活動，後來被其他目的的術法所沿用，因此發展出不同目的的解除術。

貳、目的

《論衡、解除》云：「世信祭祀，謂祭祀必有福，又然解除，謂解除必去凶。」漢·王充提出：「當時的社會上相信祭祀，認為祭祀一定會有福報，又相信解除，認為解除必定能消除災禍。」《論衡今註今譯》一書將王充在論衡裡的「解除」一詞解釋為：「是指以術儀來驅逐邪神惡煞、禳除凶災，而舉行的一種祭祀活動。」（王充，2013）；而姜守誠在《試論太平經的「解除」術》則將太平經裡的「解除術」整理解釋為：「又稱解謫、解祠、解注等，意為祈求斷絕一切災殃（包括病痛）、罪過或注連。」並在該文章將太平經內所載有關解除術之目的歸納為四種：1.解除疾病（含泛化意義之疾病）；2.解除一切災厄或愁苦；3.解除生人之承負或過錯；4.解除「重複」之厄，為新亡者削除生前所犯之罪過、斷絕死亡牽連。

由此可見，《太平經》中「解除術」的目的，大抵保留了《論衡》所言解除疾疫之目的。而太平經更延伸出解除術能解除「生人的承負〔註12〕和過錯」，及斷絕因承負觀在喪事中的「親人亡者」，所產生的「重複」之厄〔註13〕。解除術的施用範圍也並不僅局限於疾病和醫療，而是由人的身體，衍射到身外

〔註12〕《太平經》對「承負」的論述。云：「承者為前，負者為後。承者，乃謂先人本承天心而行，小小過失，不自知，用日積久，相聚為多，今後生人，反無辜蒙其過謫，連傳被其災。負者，乃先人負於後生者也。」其特點是前輩後輩相承負，簡單的解釋意思就是祖先積德行善，則可蔭及子孫；若先人屢屢犯過作惡，後人將無辜蒙受災禍。即人們常說的「前人種樹，後人乘涼；前人惹禍，後人遭殃」。

〔註13〕而這樣的一個觀點及儀式涵義，在現今的喪事「割鬮」的儀式中依然可見，在台灣的習俗中，在入殮蓋棺前，把麻繩的一端綁住亡者的袖子，另一端命親人抓住，並手持清香及數張小銀，重疊於麻繩上，以序排成一排，並在其上「哈」一口氣，在身上或有病痛處做擦拭樣，此時道士一面口唸吉祥話，一面拿刀割掉麻繩，然後各人將手中所持物品全數燒化，俗稱可與死魂斷絕往來，靈魂也不再回到親人身邊，並將參加儀式人員的病痛一併帶走。這樣的儀式其實就是源於道教的解承負及復連觀，而這樣的儀式概念，也出現在早期的「送煞」及「祭解儀式」的最後一個儀式步驟中，法師手拿師刀將綁於信徒手腕上的鹹草割斷，象徵「割鬮」，以示與不好的煞星，煞神，流年關煞等斷絕關係，不再糾纏。

之天地鬼神，使其成為生人聊以自保的重要手段。即是說，「解除」之功能已被擴展和泛化，乃至將人世及陰間中諸多災厄一併視為禳除之物件。（姜守誠，2009）

參、小結

尚德街簡牘解除木人
http://www.gwz.fudan.e
du.cn/Web/Show/2988

　　「解除」的獻祭除災術儀，及所用祭祀品的要求，始見於先秦時期《莊子・人間世》篇所言：「做解之以牛之白額者，與豚之亢鼻者，與人有痔病者，不可以適河。此皆巫祝以知之矣，所以為不祥也。」魏晉時人郭象對此註釋說：「巫祝解除，棄此三者，必妙選駢具，然後敢用。」

　　雖然此段文意是在闡述在行解除術時，獻祭不可用之犧牲祭品及不可參與之隨祀人員，但已顯見當時行解除術時，不只有儀式還有血食的祭品。而到了漢代・王充《論衡・解除》云：「解除初禮，先設祭祀。比夫祭祀，若生人相賓客矣，先為賓客設膳。」王充描述，解除的第一項禮儀是先舉行祭祀，祭祀這種儀式，打個比方，就像活人招待賓客一樣，首先為賓客安排

飯食。連劭名 1998 年發表的《漢晉解除文與道家方術》，對晉代松人解除木牘「松人、柏人」分析指出，解除活動中常常利用偶人〔註 15〕。而對於解除術所用到的代生人物，也已有多篇相關的論文發表，（陳松長，2001：100～113。饒宗頤，1996 年；陝西省文物管理委員會，1958 年；長沙市文物考古研究所編，2016：76。甘肅居延考古隊，1978；勞榦，1957：8；汪寧生，1989；新疆博物館考古隊，1978；柳紅亮，1986；王育成，1997）本篇就不再贅述。

　　尤其是民間的信仰習俗，有關「煞」的法術、儀式及辟邪、厭勝〔註 16〕之物，廣泛存在常民的生活中，從日常的居住習慣到諸般生命禮儀，無不表現了一種不自覺的趨避，以求解除可能的犯煞，而引起的災厄化病殃原則。因此而求助於儀式專家，藉由以「土偶、松人、柏人、人參、鉛人、草人、紙人」等「代生人物」，來替代生人代受災殃，以承負事主未來可能發生之厄運、禍害。而從解除術的血食祭品、儀式重要的代生人物及解除術求禳解除的目的，都與台灣民間流行的祭送或稱送煞、送外方所使用的血食小三牲，紙人或草人的代生人物，及以術儀來驅逐邪神惡煞、禳除凶災為目的，而舉行祭祀活動都相類似，而這樣的儀式內容與本文祭解儀式在行「解送煞神」時，儀式中多會準備小三牲及草人或紙人，為祭祀用品，後以儀式招待煞神享食小三牲，其最終目的就是為送走煞神、煞氣，以解除事主未來可能發生之厄運、禍害，而以紙人或草人來代替事主作為「代生人物」，以承負事主之災殃，以祈除罪去災之效。王充在《論衡、解除》描述的：「世信祭祀，謂祭祀必有福，又然解除，請解除必去凶。」，王充描述當時的人們，相信祭祀是可以求福、求壽、求平安的補運之術，又描述解送未知的「煞」可以解除凶災厄運。而現今的祭解儀式就是延續著這樣的一個「祭祀以補運，解除以去災厄」的觀念，就同筆者對祭解儀式研究後的定義，祭解儀式其實就是結合了「祭祀」（祭祀補運）及「解除」（解送煞神）二種儀式的綜合儀式。

〔註15〕此處所提之偶人並非僅指泥土所做之泥人偶像，還包括松木、柏木所作之松人、柏人等。

〔註16〕厭勝意即「厭而勝之」，指用法術詛咒或祈禱以達到勝過厭惡的人、物或妖魔鬼怪的目的。厭勝物是民間信仰中，作為趨吉避凶的物品，並常帶有一定之宗教色彩。

第五節　總結

　　漢人自古流傳下來的「萬物有靈論」思想，及對未知事物的無知，所產生的「犯煞意識」，使得人們認為疾病或災禍的發生，是因為煞氣、鬼邪的作祟而產生問題，到後來星命觀的流行更是加入了，因為出生年月日時，配以比對天干地支所對應產生，而會影響人們命運的「神煞」觀念，認為人們會因為出生命理八字，所帶的「壞神煞」會對人的命運帶來不好的影響甚至是厄運，而這樣的神煞，在台灣的信仰民俗裡，又可分為足以影響一生的「八字神煞」，與在成長過程中，小孩們難免會遇到的一些危險及急難（馬以工，1992：138）的「小兒關煞〔註17〕」，而其中在台灣民間的信仰裡，小兒關煞會隨著小孩的成長而慢慢減緩對兒童的影響，八字神煞則會影響一生的命運，加上因為星命觀的流行，星象術士更演進以，陰陽五行配合歲月日時，來附會人事所創造出來，每個人都會因為流年的不同，而沖犯不同煞星的「叢辰」觀，因此在古代人們對「巫」術的信仰及，源自遠古時期就已形成的「祈禳」信仰觀念下，再延伸發展出以治療病痛為目的得「咒禁術」，而咒禁術並不只見於漢人社會，在世界各地到現今醫療科技發達的時代，仍然能看到這樣的儀式，尤其是在醫療越不發達的地區更是常見，就算是在醫藥充足、醫療發達的國家，我們依然能看到這樣的蹤跡；這樣的文化不僅只會出現在巫術盛行的地區及宗教，在各大宗教也亦有可見，例如基督教也有一套認為病痛災難是惡魔或撒旦所引起造成的理論，而基督徒也會藉由聖經裡的經文，為生病的人向上帝代禱救贖，以求疾病得愈：

　　耶穌叫了十二個門徒來、給他們權柄、能趕逐污鬼、並醫治各樣的病症。（路加福音9：1）

　　因為得著祂的，就得了生命，又得了醫全體的良藥。（箴言4：22）

　　（他）治好一切受魔鬼壓制的人（宗徒大事錄／使徒行傳10：38）

　　大王子所以顯現出來，是為消滅魔鬼的作為。（若望／約翰一書3：8）

〔註17〕「小兒關煞」是說在小孩成長過程中，難免會遇到一些危險與災難，而這些危險與災難便叫做「關煞」，藉此用以論斷小孩之壽夭、易扶養、或是難餵養，而這些關煞則是由小孩的八字得知。多數八字研究者多以「淵海子平」為此起源，其中說道：小兒之命，當論時辰為主；先看關煞，次看格局，由此則可得知。文化部臺灣大百科全書，http://nrch.culture.tw/twpedia.aspx?id=11550，2020.5.6 下載。

要穿上天主的全副武裝，為能抵抗魔鬼的陰謀，因為我們戰鬥不是對
抗血和肉，而是對抗率領者，對抗掌權者，對抗這黑暗世界的霸主，
對抗天界裡邪惡的鬼神。（厄弗所／以弗所書 6：10～20）。

　　各地的基督宗教信徒都有這樣的一套向上帝禱告祈禳，求上帝能救贖醫
治，或解除因為惡魔或撒旦所造成的病痛及災厄。

　　而在求得了身體的健康，自然會對無法預知的事故，及相同因為對萬物
的未知，和前面所提到的對「煞」的畏懼心理，及人類自然反應的「趨吉避
凶」天性，產生的「可能將發生」的災殃，歸于各種「煞」或鬼邪的致禍，因
此演進發展出一套藉以「祈禳」的求福、求健康、求平安等的儀式目的觀念，
更進一步的祈望以儀式，來提早預防災厄的發生，或除去已經發生的不幸厄
運，及一切不好之事，為目的儀式的「解除術」因此孕育而生；而這樣為著相
同的儀式目的，而以施術求「解除」的法術，因為人類自然天性的趨吉避凶
觀念，也同樣存在各大宗教的儀式甚至是生活之中，只是儀式名稱及作法不
一樣而已，其實都是一種預防可能、或解除「不幸」、「厄運」、「災禍」發生的
「解除術」。也說明筆者研究發現祭解儀式的目的是源於原始巫術的「解除」
〔註18〕術的觀點，而以「解除術」一詞為儀式名稱，雖然已有斷代之現象而
少用，但在道教之經典裡，仍然多有提到「解除」一詞〔註19〕，而經典之儀
式目的，多也是為祈禳除罪去災、求禳除解厄之效，而這些經典也廣泛的運
用在道教的科儀中，可見以求「解除」為精神目的之儀式，仍然保留在道教
科儀的信仰儀式中。而這種執行「祭」而後「解」送煞神（星）以祈解除罪
業，去災之效的「模擬巫術」，一直存在於各個民間宗教乃至巫術之中，祭解
儀式即是其中之一。

　　因為對「煞」的畏懼及無知，認為生活中的各種「煞」氣，乃至於被認為
天上不好的「星辰」或「星系」，因為不小心的觸犯或因流年輪替，而年犯某
種煞星、煞神或煞氣，致使生活不順或致病、或致災，因此各種的「祈」神或
靈或各種可能賜福的信仰體，能消災、解厄、除病，的「祈禳術」在各種儀式
專家的執行施術下，應運而生。而這樣的消災解厄術法，主要即可分為：為

〔註18〕解除可能是巫術的一種，是一種舉行某種儀式除罪去災的巫術活動，古代避
　　　　除禍殃的方術可能包括解除這種活動

〔註19〕以正統道藏查詢道經裡有提到「解除」一詞的計有199處，48部經典，而這
　　　　些經典還不包含，民間道士或儀式專家之科儀本。

求病厄得醫治、痛症得消減的「咒禁術」；及為解除或預防各種可能「不幸」、「厄運」、「災禍」、「生活不順遂」的「解除術」，乃應運而生。而本文中主要探討的術法，「祭解儀式」，在文獻資料中，不難發現早期則是以咒禁術的治病為主要目的，而近代因為醫療的發達、健保制度的健全，在近代反而是轉換成，為解除各種生活上不順遂的解除術為主要目的。

祭解的原始宗教思想，儘管來自驅邪、送煞、補運的信仰層次，同時也可能只是為人父母者〔註20〕或參與者本人，在心慌意亂之餘，另一種尋求宗教醫療幫助的行為，根據《黃帝內經》的《素問‧移精變氣論》內所記載：「毒藥不能治其內，針石不能治其外，故可移精祝由而已」，及「余聞古之治病，唯其移精變氣，可祝由而已」。撇除鬼神和迷信的色彩，「移精變氣」我們即可視為是一種「心病心藥醫」的提示性治療，與現代的心理醫學的理念類同。但深究一層看，祭解的真正效力，雖然經不起理性的檢討，科學的批判，可是它近似「民俗醫療」的心理診治，頗能讓人至少產生心安、氣靜、感到希望救贖的實際作用，畢竟它的社會意義，遠超過於它的實際醫療效果的意義。

〔註20〕在社會調查的過程中可以發現，參與祭解儀式多數是父母帶著子女乃至於孫子輩的衣物及八字、姓名資料，來到宮廟裡參與祭解儀式，以期避免未來一整年可能發生的災厄。或代為禳求災厄、病魔或時運不繼能，隨著施術者的儀式過程而祭而解之，並帶來好的運程。

第三章　祭解儀式的流變

　　現今祭解儀式的流變與流播，與早期中國南方的巫俗有相當密切的關係，醫療設施落後，專職醫生鳳毛麟角，因此一旦生病多求助於巫覡、巫醫的醫療巫術，讓原始巫術的「咒禁」術逐漸形成，也隨者這股民俗逐漸形成「信巫不信醫」的風氣。

　　而原為巫覡的閭山陳靖姑信仰，因為北宋仁宗朝的一次禁巫運動，使得原閭山的巫覡道眾不得不拋棄原來的巫覡祖業，以便尋求或借助於其他宗教派別的掩護。當時未受打擊的道教和佛教，便成為他們掩護自己最好的依附，於是漸漸由巫入道，廣傳於閩、台、浙、贛、粵、湘等地區。

　　「道法二門」有別於北方全真道及南方正一道「火居道」的道教信仰模式，其中專以如救產扶嬰、出煞收妖、醫療、補運等儀式為專長的「夫人教」，更是與民眾社會生活產生密切的聯繫，因此形成了以正一天師道為「道統」，陳靖姑巫法軸心為「法脈」的信仰教派，並成為民間信仰中最重要的道派。

　　隨漢人移民，也將此道派法術傳播來台。在歷史的演進及信徒的需求下，將原本為各自因為不同需求而分開執行的「補運」及「祭送或稱送外方」，經過施術者及其教團對儀式的認知及互參加減，而形成現今祭解儀式的模式。

第一節　中國南方的巫俗

　　中國古代社會發達的巫術，所具有的現實功利性和簡單可操作性等特點，使得它比神秘玄虛的神仙方術，更容易為庶民社會所接受。張澤洪在〈中國南方少數民族與道教關係初探〉一文中指出：「漢魏兩晉南北朝時期，南方少

數民族與早期道教確有十分密切的關係。早期道教的創立，既繼承了先秦的國家宗法、宗教的儀禮，也汲取了民間巫術的營養。」（張澤洪，1996）

由於東漢道教張道陵創教於巴蜀，魏晉時期道教向長江中下游流播並活動於民間，就不能不受到民間巫風的影響，這是早期道教與少數民族結合的地緣文化因素。當時活動於長江流域的南方蠻族，巫風頗盛，巫術文化中的祀神儀式、法器儀仗、符籙褐咒、禹步手訣等作法方式，均為早期道教所承襲。

而閩粵地區又為越巫之發源地，西漢初年，閩越國滅亡後，中原漢族開始陸續南遷入閩，入閩後氣候溼熱，難以適應，加上瘟疫經常流行，醫療設施落後，專職醫生鳳毛一角。因此，一旦生病多求助於巫覡，逐漸形成了病者求巫不求醫的風氣。在大批外來漢民在閩粵移植和重建傳統漢人社會的過程中，不斷地進行自我文化調適，逐步走向「土著化」或「在地化」的適應過程。為了能在一個生存條件惡劣的環境中紮根併發展，外來漢民必須和「在地文化」融合，從而鑄造新的地域文化模式。百越巫鬼信仰就是經過漢人的佛、道、儒等宗教文化的包裝，佛道儒神靈通過「因土成俗」的世俗化改造，打破二者的社會認同差異，在一體化發展的道路上，為融合後的閩中「漢」民族所接納與崇信。（彭維斌，2007.6：253）進而發展出結合了「巫」的術法形式及「道教」科儀思想，形成中國南方「火居道」的道教模式，而此種模式在台灣地區通稱為道法二門〔註1〕。

依林大為對史料的記載整理認為：「在昔日，華南地區為蠻荒區域，有深山裡的『煙瘴四起』，也有川流中的『毒聚瀘水』，各種不明的怪症容易在此發生。在醫藥不發達的年代，只要瘟疫一起，馬上就快速流行開來，死者枕藉，受到頗多的折磨，無助的人們只好憑藉著特別的信仰經驗，漸漸趨向於

〔註1〕「道法二門」指同時修行道教「正一派」及閭山法教「三奶派」的道法傳承者。在家中宗壇或齋醮內壇的八卦乾位，皆安設「道法二門香火口傳宗師神位」，或書「道法二門前傳後教歷代祖師香座」，發表時必有獻狀請宗師與所屬官將，演出科儀前必至宗師神位前默禱，禮請護持指導，故稱「道法二門道壇」。資料來源：〈臺灣大百科全書〉，文化部國家文化資料庫網站，http://nrch.culture.tw/twpedia.aspx?id=4209，2020.7.5 下載。
即道門之道派其宗教業務主要以舉行建醮、禮斗、做三獻等祈禱性祭儀與拔度功德為主，而法門道派之宗教業務，則多以安營、押煞、祭解、補運等法術性儀式為主。為了實際上的需要，修習道門之道士也常兼修法門而成為「道法二門」，或是在祭儀中兼用法門之法術。（謝宗榮，2008）

尚鬼信巫的宗教活動。」（林大為，2004.3）東南沿海地區氣候潮濕炎熱，中原漢族遷入後，許多人難以適應，發病率高。而唐代之前東南沿海地區的醫療衛生比較落後，一旦生病，不少人只好求助於巫覡，逐漸形成「信巫不信醫」的風氣。

唐宋以後，隨著東南沿海地區經濟文化的長足發展，醫療條件大有改善，醫學水平也明顯提高，但廣大農村缺醫少藥的現象還普遍存在，加上傳統習慣的影響，「信巫不信醫」的風氣並沒有根本的改變。《萬曆續道藏》徐仙翰藻卷之四皋殺賦：「越人尚機而信殺，自古然爾，至今風俗不可革。人有疾且憂也，憐于巫覡之徒，戒之曰：參苓周功，必須殺以為命，且有謗訕，惑眾取媚。」此或許也可說明，此種源於原始巫術的「咒禁」術，為什麼會相較於醫療資源較充足的中原地區比較起來，會偏重流傳於中國大陸的華南地區。

第二節　閭山三奶派——由法（巫）入道的流變

李豐楙認為改運與補運的儀式是由早期閩粵移民渡台之初，閭山三奶派執行「道法二門」的「客仔師」帶到台灣的；葉春榮在〈臺灣祭解儀式：儀式標準化問題〉一文認為祭解是源之於閭山三奶派臨水夫人之過關儀式，本研究的 6 個個案也分別是三奶法派中的北部正一道法二門的林厝派及劉厝派之道長，而筆者的研究發現，閭山三奶派的道長在行祭解儀式時會有「道士」與「法師」兩種儀式專家的身分轉換，因此在論述祭解儀式前，有必要先了解道法二門中「法」的意涵及道法二門的流變，並根據文獻來推敲祭解儀式在台灣的歷史演變。

壹、閭山法之陳靖姑信仰

在論述祭解儀式時，要先了解一下道法二門中「法」的意涵，學者勞格文（John Lagerwey）較早即關注，並對台灣道教進行田調考察，將台北正一派道士的傳統，追溯到與福建詔安的法脈有直接相關，使台灣和福建詔安間，現存之道教儀式分類和法派詞彙方面，得到了最為系統且深入的研究。（John Lagarwey, 1988, pp.127~143；許麗玲譯，1996：31~48）根據林振源等人的研究，台灣北部現在使用的「道法二門」一詞，源出於福建詔安客家地區。這個詞彙在詔安的原意是指「醮儀」範疇中的道、法傳統，「道」

是指『天師道』，「師」乃指『龍虎山、張天師』；「法」指『混元法』，「聖」指的是『武當山、北帝』〔註2〕，林振源後續研究則認為「道法二門」流傳到臺灣北部之後，長期以來對應當地二大儀式分類範疇，被理解為：「道」乃指『道場、醮儀、天師門下、正一道』；「法」乃指『法場、驅邪儀式、閭山門下、閭山三奶法』。（林振源，2008：347～367、2014：43～67；李豐楙，2011：147～179）。

葉明生認為，閭山派的形成與魏晉南北朝，流傳於閩贛地區的許遜信仰有關。而早期的許遜信仰，實際上是江南巫系中之閩越巫法，它以江西閭山（廬山）為發祥地，並向各地傳播，形成了一個巫法體系——閭山法。但是閭山法尚未構成閭山派的形成條件，這一教派的形成是以唐代以來，福建民間女神（巫）陳靖姑信仰為依託，使得這一巫法與陳靖姑信仰與許遜信仰相融合，使閭山法具有與民眾社會生活更具體的內容，而與民眾社會生活產生密切的聯繫（如救產扶嬰、出煞收妖等），因此形成了以陳靖姑信仰為軸心的巫法教派，讓閭山法成為具有具體社會內容和宗教功能的一教派。

這一教派雖然保存了一部分早期許遜信仰之內容（如斬蛇妖、治疫疾），但更多的是以閩越巫法之原始形態與民眾社會生活相關聯的內容為主軸，形成了以陳靖姑信仰為核心的新的閭山法——閭山夫人教或稱王姥教、王母教。而閭山派在宋元間根據時代的需求，大量吸收了道教正一派的科法科儀、佛教瑜伽派宗之秘法內容，而成為融合佛、道、巫於一爐並於明清後成為，流行於福建、浙江、江西、廣東、臺灣、湖南等地，蔚為大觀的道教支派——

〔註2〕而這樣的說法與2006年的年底，戴如豐在訪問北部正一劉厝派的朱堃燦道長時相同，朱道長說明他對「道法二門」一詞的見解，他認為「道法二門」就是他們「做事」的「師聖」，「師聖」本身就是道法二門——即天師與北帝，天師真人是「道」，玄天上帝是「法」，道法二門應該是天師派加上混元派而不是道教加上法教的合稱。（戴如豐，2007）而筆者研究後認同林振源後續對應台灣北部道法二門的研究結論，筆者認為較符合現實之情形，就現況台灣北部及中部的道法二門的道士多是行閭山的三奶法，若是以現實武當山的道士，均為北方的出家道道士，出家道的道士怎麼會修習屬於南巫系統的三奶法呢？所以這樣的說詞恐怕是後人為提高在道教界的份量，而假托於武當山，而北帝法亦可能只是其信仰玄天上帝而將其法術內容託名為北帝法，此種現象在民間信仰裡屢見不顯，並非少見，不然為何台灣北、中部道法二門的道壇未以玄天上帝為主祀神？所以筆者以為，道法二門的法當是指三奶法較符合現實情況。

「閭山派」。雖然各地閭山派中還有許多不同的教法和教派〔註3〕，但都不能排除「夫人教」的存在，因此在討論閭山派形成的同時，有必要重點介紹閭山派之核心陳靖姑信仰及其夫人教的情況。（葉明生：2016）

陳靖姑，是閩、台、浙、贛、粵、湘等地區民間信仰中最重要的女神之一。各地民間稱之為陳夫人、陳十四夫人、大奶夫人、臨水夫人、奶娘，或又稱之順天聖母、通天聖母、太后元君、陳氏聖母娘娘等等。陳靖姑信仰肇于唐，興于宋，其原型應為閩中之巫女靈異崇拜。相傳，其為唐大曆初年出生于福州下渡（今有遺址）之世巫之家。據福建最早的宋代志書之一的《仙溪志》所載的陳夫人：

> 其事蹟較簡單，生為女巫，歿而祠之，婦人妊娠者必禱焉。（宋·黃岩孫，1989：63）

而明代興化府之《遊洋志》亦有所記載，其志稱：

> 廣福娘廟，在縣西興裡。姓陳氏，福州侯官人，世以巫顯。舊志云：閩人疫癘，凡經其咒治者，悉皆痊活。沒後，裡人德之。家奉香火。
>
> （明·周華，1999：36）

從上述「生為女巫」、「世以巫顯」以及陳氏能使疫癘者經其咒治，悉皆痊活，可見其在世之時已習巫法，從事巫法活動。在唐宋社會，福建及周邊地區絕大多數農村，由於自然地理條件的惡劣，經濟文化相較於中原明顯落後，使得民間信仰極其繁盛，而與民間信仰關係密切的巫法、巫教、巫師，自然處於人們宗教生活關系密切的主導地位。閭山法、閭山教即是陳靖姑信仰形成之發展最重要的因素，同樣陳靖姑信仰又反過來促進了閭山法的流行與發展。（葉明生：2016）

貳、由巫入道

閭山派的「道教化」和「佛教化」，是這一教派得以發展的重要因素，而

〔註3〕台灣以閭山派為主，其下有幾個分支宗派：三奶夫人派、徐甲派、法主公派及主要盛行於澎湖的普菴派。這四個主要的支派中以三奶夫人為最盛行，其次為徐甲派、法主公派及普菴派。至於三奶夫人、徐甲派與普菴派皆以紅事為主，故稱「紅頭法」，而法主公派則以紅事與白事兼行，故又被稱為「紅、烏頭法雙教」，有點類似南部的正一靈寶派的道士，以紅事與喪事並做的性質。中華淨明閭山道教會高雄辦事處，〈閭山派的分別〉，https://blog.xuite.net/holydragon1003/twblog/385541103-%E9%96%AD%E5%B1%B1%E6%B4%BE%E7%9A%84%E5%88%86%E5%88%A5，2020.1.6下載。

此成因是一場嚴酷的政治因素帶來的，是歷史賜給閭山派的一次偶然機遇的必然結果，是北宋仁宗朝期間的一次禁巫運動的產物。

在北宋天聖元年（1023）十一月丁酉，由洪州（唐宋置，今南昌市）知州夏竦上奏朝廷，舉江南等地「師巫以邪神為名」、「左道亂俗、妖言惑眾」，於是宋仁宗下詔促江南東西、荊湖南北、廣南東西、兩浙、福建路轉運司屬禁師巫。歷史上一場嚴厲的禁巫運動在江南、華南的大片土地上展開，其勢迅猛，給各地民間巫教以沉重的打擊。他們既要求得生存，又要求得解脫，但又無法拋棄原來的祖業，於是便尋求或借助於其他宗教派的掩護，而當時未受打擊的道教和佛教便是他們掩護自己最好的依附。這種尋求新出路的形勢，給巫教帶來的是一次重大的改革，傳統的巫法，閭山法反而由此帶來了新的生機，閭山派因之應運而生，並風行於南方各地。浩劫後的閭山教，首先要做的事就是向道教靠攏，希望從道教得到蔭蔽。

而宋代當時在南方流行的道教清微派、靈寶派、天心正法、五靈道法都是各地巫師首選的教派，而他們保留原有「巫」色彩的「驅邪法術」儀式系統，另一方面也修習道教之齋醮科儀，因此形成兼修道與法的「道法二門」之新道士型態。這些我們在現代閩北閭山派道壇的清微科、龍岩閭山教道壇的「五靈教」、福州閭山派中的淨明道科、泉州閭山派中的靈寶玄科等閭山派中保留的道教科範中都可以找到巫道合流的痕跡。宋元新興驅邪儀式傳統是如何通過連繫張天師的策略與方法，歸附道教，而這又與南宋、元初張天師逐漸確立其在江南道教霸權地位有關；（松本浩一，2006：333～353；李志鴻，2011：82～84）類此巫俗歸附過程，經常是通過「正統化」敘述策略達成，諸如如：調整核心價值（歸化正道）、改寫聖傳、重構傳承，以與古典道教傳統有所嫁接。（康豹，2002：1～30；高振宏，2013：314）也因類似的歸附過程，我們在其後的一些典籍中也可以看到夫人教之陳靖姑信仰也開始蒙上一層道教的色彩。（葉明生：2016）

參、小結

台灣的道教早在明末清初時，即隨漢人移民傳播來台。台灣漢人移民族群以原祖籍福建、廣東兩省的居民居多，而閩、粵兩省與江西相鄰，因此台

灣的道教型態也隨著先民的移居，而將原鄉「道法二門」的「火居道」〔註4〕，道教宗教信仰模式一起帶到台灣，不只是讓先民有一思鄉情愁的心靈寄託，且在早期並扮演著，極其重要的宗教醫療的角色。

　　根據慈聖宮朱建成道長的說法，宗教市場也如同商業市場，要有「需求」才有「供應」。在明末清初，先民在原鄉生活較為貧苦，才會選擇渡過有「黑水溝」之稱的台灣海峽，來到台灣開墾，以求能有新的發展機會；而以道教建齋醮科儀為主業的道士，相形之下就較無生存發展機會。但在面臨喪事時也是有需要道士為其誦經處裡喪葬儀式，所以較早來到台灣的道士應該是專長以能處理喪事的靈寶派道士為主。如遇有祭祀建醮的科儀，也多會由靈寶派道士為之；而同理，當人們發生身體病痛時，以「補運」祈福、「驅邪除煞」儀式為專長的閭山派道法二門道士，就會為信徒做「宗教醫療」。在當時也以「法師」的身分進入台灣為信徒服務，除以法師身分為民眾行醫療驅邪儀式等外，還會身兼類郎中、草藥仙的身分，建議信徒簡單用草藥治病。但因早期廟方建醮的科儀機會較少，且多數被靈寶派的道士所承接，所以當時的正一道法二門的閭山派道士，多是以專長驅邪除煞的「法師」身分為信徒服務。

　　在台灣道法二門的道士認為，「道」指的是正一道，道教儀式，例如：醮典及禮斗法會大型的儀式；而「法」指的是閭山法，法術儀式（或稱巫法儀式），法派屬於三奶派，〔註5〕崇奉陳靖姑、林紗娘及李三娘三位女神，其服飾特徵即是頭繫紅巾，稱為「紅頭師（司）公」大多是屬於驅邪治病的範圍。劉枝萬調查臺灣北部「道法二門」道壇時，也曾提及當地道士兼修「法教」，同時具有道士與法師雙重身份，行法之時得以根據儀式需要轉換身份。（劉萬

〔註4〕火居道這一行從「人類學」而言是比較獨特的宗教專業，他們雖不若世界其他大宗教，可經由制度化的組織（如基督教）維持其基本生活方式，而專心如牧師於教堂內傳教；或經由信徒供獻而能全心奉獻宏化（如佛教），也無虞生活上的匱乏，正由於未採行出家修行的住觀方式，有些學者就將「火」解釋為「火宅」而不是「伙伴同居」。早期台灣的「道法二門」的「火居道」需要在聚落中火居生存，故特別隱祕傳承其專業的知識及主持禮儀的技能，並在同行之間巧妙維持既合作又競爭的競合關係，表現其既「火居」又「世俗」的兩種面向。因此道壇道士通常刻意保守其相關技能的隱密性，形成傳子不傳女，傳婿不傳外姓的家傳或是傳徒需拜師之制。（李豐楙，2002.12：109～144）

〔註5〕過去根據臺灣北部道壇所奉宗師神位、科儀桌疏牌以及請師時所列宗師名單，判斷所謂的「道法二門」指的是臺灣北部道壇同時兼修正一道與閭山法兩種儀式傳統。（劉萬枝，1992；李豐楙，2011：147～179）

枝，1992：116～154）而慈聖宮的朱建誠道長認為，以早期道士只在廟作「補運」的儀式，在私人壇做「送煞」的儀式為例，解說其原因就是：「補運的儀式是屬於『道』的儀式所以要在大廟作，以示其神聖性，而送煞是屬於『法』的部分，是小法的儀式，所以在私人壇作即可。」本身也是祖傳四代道士的林煜智就表示：「由於兼習有關道、法二門的儀式傳統，而同時禮拜兩個系統的神明，道士或法師的身份有時是完全混合在同一場儀式之中，很難做絕對的區分，但如果就儀式本身來看，仍然可以區分其不同的傳統。」（林煜智，2012）而這樣的說法即可在祭解儀式中觀察到，詳細論述待文後再論。

　　由於台灣的傳統道教生態，長年來多以地方公廟與神祇信仰為主流，各地道士則多依附於同籍移民聚落，在自家設壇靖，並配合地方之宮廟與應民眾之需求，從事其道法的宗教服務，在自然、人文環境的相互影響之下，因而也衍化成各地不同的地方化道法風格。

第三節　祭解儀式在台灣的歷史發展

　　在文獻的爬梳及對外國道教相關人士的，訪談社調過程中發現，不僅只台灣地區有「祭解」之儀式，在中國大陸華南地區，乃至港、澳、東南亞其他華人信仰圈中都有類似的以「祭祀補運」、「解送煞神」的儀式來禳除厄運的「祭解」儀式。據李豐楙的考察，閩粵移民渡台之初，執行「道法二門」的「客仔師」也將故鄉「改運」與「補運」的儀式，帶到臺灣。（李豐楙，1995：829～861）而隨著華人的移民活動，包含了「祭祀補運」、「解送煞神」為主軸的「祭解」儀式也隨之傳到了東南亞的華人信仰圈。更說明了現今流行的「保運祭改」這項源於紅頭法師「做小事仔」的儀式，不僅是小型之禳解求平安的宗教祭儀，亦是於早期流行於台灣民間針對個人，的小型宗教醫療儀式。而在研究史料的紀錄中，亦可發現祭解儀式的形成脈絡。

壹、清朝

　　周鍾瑄《諸羅縣志》（1717 年）：「尚巫，疾病輒令禳之。」其後，劉良璧的《重修福建臺灣府志》（1741 年），范咸的《重修台灣府志》（1747 年），王必昌的《重修台灣縣志》（1752 年），都有類似的文字紀錄，可知最遲在十八世紀，先民就已將原鄉遇病以巫術祈禳的風俗帶至台灣。

　　清乾隆 29 年（1764）臺灣府知府余文儀加以補修的《續修臺灣府志》，

有這麼一段記錄：「南人尚鬼，臺灣尤甚。病不信醫，而信巫。有非僧非道專事祈禳者曰客師，攜一撮米往占曰米卦；書符行法而禱於神，鼓角喧天，竟夜而罷。病即不愈，信之彌篤。」

清‧乾隆29年（1764年）臺灣府知府余文儀，加以補修的《續修臺灣府志》卷二十五。即有一段記錄：「臺俗除夕，門設紙虎，祭以鴨，焚之，謂可厭煞；余名之曰焚虎。」（余文儀：1993）

並附錄有焚虎詩：「階前金薄印於菟，燃虎焚香達九衢。好趁春前辟盧耗，新年事事要歡娛」。（范咸，2005）

其記錄在清治時期，臺灣俗習會於除夕日，《重修臺灣府志》載：「殺黑鴨〔註6〕以祭神，謂其壓除一歲凶事；為紙虎，口內實以鴨血或豬血、生肉於門外燒之，以禳除不祥。」〔註7〕

第一首寫臺俗於除夕當日，有殺黑鴨祭祀、作紙虎，指虎的嘴裡塞上鴨血或豬血、生肉後，祭拜後將紙虎焚燒，以祛除不祥的習俗，此即焚虎之儀式。「鴨」與「壓」諧音，有厭煞免禍之意，有趣的是為什麼要在紙虎的口中塞或抹上鴨血或豬血、生肉呢？

其實這就是模擬巫術及象徵巫術的儀式，如同祭解儀式中臺灣民間普遍認為白虎帶煞，將象徵白虎的紙虎先以賓客之禮祭之，後嘴裡抹上鴨血或豬血、生肉，象徵著餵食了白虎血食，並謂其已吃飽，而人們相信當白虎吃飽後將不再為禍，祭拜完畢後就將白虎送走，就如同是將煞神送走，並可得一年之平安，故以焚燒紙虎之儀式來象徵除煞解厄。此一儀式正如同祭解儀式中的「解送煞神」其涵義相同，都是先祭祀後送煞神，以祈禳「除耗」驅除惡鬼等不祥之物，求消災解厄的習俗。

道光年間（1830年）周璽主修的《彰化縣志》卷九〈風俗志〉載：「素尚巫。凡疾病輒令僧道禳之，曰進錢補運。」而在的《雲林縣采訪冊》之〈斗六堡‧風俗〉亦有類似的記載如《諸羅縣志》卷八〈風俗志〉說：「尚巫，疾病輒令禳之。又有非僧、非道，名客仔師。」

同治年間（1871年）陳培桂主修的《淡水廳志》卷十一〈風俗考〉也載：

〔註6〕民間信仰認為「鴨」語音中含有「押」或「壓」之音，取其音稱為押煞或壓煞，象徵鎮住煞氣之意可以強化除煞儀式解除災厄的強制性。

〔註7〕〈台灣古典詩主題詩選資料庫〉，愛詩網：http://ipoem.nmtl.gov.tw/Topmenu/Topmenu_PoemSearchOverViewContent?CatID=1603，2018.4.6下載。

「又信鬼尚巫，蠻貊之習猶存。……有為客師，遇病禳禱，曰進錢補運。金鼓喧騰，晝夜不已。」

　　這類記載也見於沈茂蔭的《苗栗縣志》（1893）、蔡振豐的《苑裏志》（1897年）、林百川和林學源的《樹杞林志》（1898）與鄭鵬雲和曾逢辰的《新竹縣志初稿》（1898）等方志中也都有幾乎相同的文字紀錄。文中所述之，這類在文獻中被稱為巫、客師紅頭司或客仔師的道士，即是指現今的師公、小法法師或道法二門的道士，平常多以醫療性法術為主要營生，在清代醫藥尚未能普及的農業社會中，普遍受到一般民眾所接受。而從這段記錄，雖無法判斷當時的儀式為何，但亦可看出早期的巫、客師，也兼有重要醫療功能的巫覡角色。

貳、日據

　　1919 年日據時期由台灣總督府編著的《台灣宗教調查報告書》在〈道士的行福祈禱〉一節提到：

　　　「祭送（疾病、平癒與祈禱之物）」之流程：「1. 請神、2. 祭煞、3. 收魂、4. 送神。」而其中在「祭煞」一節中提到：在神前備飯菜湯、巾衣、銀紙、刈金、中金、福金、小三牲、代身（紙製人形）、白虎等放置於笊（竹框）裡，由道士祭誦祭煞咒語，後道士持老君印及代身、生茅，進入病人寢室探病將生茅、麻、白線以獅刀割斷（文中稱此儀式為割鬮），後將該於笊（竹框）拿出戶外，由童乩或卜卦師，請示所犯之煞為何方向，再將祭品拿到所犯之處，「投棄」給煞神食用，以除煞厄。（丸井圭治郎，1993：148）

　　而在另一章節提到〈保運（補運）〉之流程：「1. 請神、2. 安灶、3. 安井、4. 走文書、5. 抛法、6. 祭送、7. 勅符祭煞、8. 翻土押煞、9. 祭五昌、10. 送火、11. 收魂轉竹、12. 請三界、13. 送神。」（丸井圭治郎，1993：150）

　　在此一時期的紀錄可以推斷，當時尚未有與近代所觀察的「祭解」儀式相同的「組合儀式」，但已有大略的形容出二種不同儀式的，內容、祭祀用品及流程，而這樣的儀式內容、祭祀用品及流程，正是現代祭解儀式中，最主要的二項儀式的儀式內容：「祭祀補運」及「解送煞神」。不同的是當時二段儀式是分別於不同的祭祀目的，而分門祭祀，儀式內容亦有所異同之處，如後段的〈保運（補運）〉儀式流程，與學者許麗玲《疾病與厄運的轉移：台灣

北部紅頭法師大補運儀式分析》一文提到的大補運儀式流程幾乎相同，（許麗玲，2003：339～365）記錄的正是台灣北部正一紅頭法師的「獅場」儀式，（戴如豐，2007）而此一儀式又會因為請求保運信眾的家屬，所能支應的物資或潤金（紅包禮），而有 1～3 天不等甚至更長時間的儀式差別，而這也正符合筆者的研究發現，祭解儀式是由大補運的獅場儀式，簡化加或減儀式內容後而形成的。

　　1933 年由鈴木清一郎所著的《增訂臺灣舊慣習俗信仰》在師公祈禱一節也提到「所謂『祭送』：就是祈求病癒，特別稱之為『請神』，方法是在桌上放『老君印』『方子』、『龍角』、鈴、刀等，並且擺上鮮果、金紙、蠟燭等供品，再把病人的住址、姓名、出生年月日時辰報告給神佛，請三清、三奶夫人、三官大帝、觀音佛祖、天上聖母等降臨，並根據擲筊來通知病人神明的降臨，接著就燒金錢，最後舉行『祭煞』（鎮壓神的作祟）。把飯和其他供品等小三牲，連同替身和白虎都裝進笊裏放好，道士（師公）一邊口誦祭煞的咒語，一邊拿起老君印和替身等一邊進入病人的房間，兩眼逼視病人用刀割生茅、麻繩、白線，這就叫作『割鬮』。然後把笊拿到門外，根據乩童或卜卦師事前所說，對準『衝犯』（因冒犯而作祟的神）的方向，拋棄供品給煞神（作祟的神）吃，據說如就算消了災。」而在另一章節提到「補運」之儀式就有分為簡式和正式二種，簡式為：到廟裏拜拜，供上「米糕」，燒香禱告，就可以消除厄運，轉變為好運。或是到寺廟去，請道士施法術，用簡單程序補運；正式的補運，多半是在生重病時，請幾名道士在家自己做法術，祈求大病痊癒病好轉，台北一帶的人把這叫「獅場」。（鈴木清一郎，2000）

　　第一段的紀錄將祭送分為二段儀式來進行，雖然沒有詳盡的儀式內容，但從儀式所用的法器供品及「擲筊來通知病人神明的降臨，接著就燒金錢」此一紀錄就與後篇許麗玲，〈台灣民間信仰中的補春運儀式〉一文中在台北市大稻埕媽祖廟觀察到的補運儀式相似，（許麗玲，1999.2：95～129）後再進行祭送替身、白虎及割鬮、拋棄供品給煞神吃的儀式，此已有現今宮廟祭解後半段的「解送煞神」的儀式類同。這二者是幾近施術相同的儀式內容，不同的是祭祀場域而已，一個是在「病患家」，一個是在「宮廟」進行。第二段所提到的補運儀式，其中第一種簡式方式，可視為信徒自行到宮廟所做的祈禳，第二種正式的補運，其儀式內容與，台灣總督府 1919 年編著的《台灣宗教調查報告書》內補運的儀式大致相同。

　　從以上二段日據時期不同作者的觀察，卻有著相同的紀錄，差異在於鈴木清一郎後篇所觀察紀錄到的地點是在廟裡，由道士做簡單的補運儀式，這是 1919 年《台灣宗教調查報告書》所沒有的紀錄。而由這二篇觀察記錄雖然相差十數年，但在儀式上已有所不同，前篇的祭送儀式從儀式內容，筆者推估只有「祭送煞神」而沒有請神降臨禳解的「祭祀補運」儀式，而後篇的觀察記錄已有明確的請神佛降臨禳解及法器的紀錄，而這跟現代筆者所觀察到的台北市地區宮廟祭解儀式前半段的「祭祀補運」極為雷同。

　　而第二篇後段鈴木清一郎所記述的祭煞儀式及「供品、小三牲、代身（紙製人形）、白虎等放置於筊（竹框）裡，由道士祭誦祭煞咒語，後由道士持老君印及代身、生茅，進入病人寢室探病將生茅、麻、白線以獅刀割斷（文中稱此儀式為割鬮），後將該筊（竹框）拿出戶外，由童乩或卜卦師，請示所犯之煞為何方向，再將祭品拿到所犯之處，「投棄」給煞神食用，以除煞厄」等儀式內容都雷同。而此後半段的儀式雖然跟筆者所觀察，在宮廟所做的祭解儀式後半段的「解送煞神」，因為儀式場域的不同，而略有所差異，例如：「進入病人寢室探病，兩眼逼視病人用刀割生茅、麻繩、白線，作「割鬮」的儀式，而最後在送完煞神後，根據乩童或卜卦師事前所說，對準『衝犯』（因冒犯而作祟的神）的方向，拋棄供品給煞神（作祟的神）吃」，這在筆者的觀察中也是不同的，早期是將供品（小三牲）丟棄於路邊，而現今的儀式結束後，供品有的是由廟方回收，因為謂之是給煞神所食用的供品，怕沾染煞氣或煞神會隨著供品跟著信徒回家，再次為厄，所以由廟方回收統一處裡，而有些廟方因已將祭祀煞神的供品換成餅乾等物，所以會讓信眾自行決定是否帶回，此亦是儀式演變後之變異。

　　1942 年根據學者，增田福太郎在台灣地區長期的田調後，於所著《東亞法秩序序說──以民族信仰為中心》一書中──病厄和巫術，一節提到：「依漢俗，人們的病厄乃是隨著自然（尤甚是星宿的運轉）之不調和而出現的惡靈（所謂天羅、地網、喪門、白虎、天罡、吊客、流字、太歲、大王、小鬼、五鬼、六害等等）所為『即星辰不順，病厄相侵』。因此他們一方面摻加佛教式的因果報應的思想，認為人之有病厄雖自己不知，皆為自業罪惡的結果為神所罰者；又身受受災禍亦為既犯罪惡的報應，雖自己無所知，但神知而罰之。故懼病患災厄者祈禱神明。在城隍廟或東嶽廟攜帶病弱孩兒的參拜人即

是。解厄治病的祈禱，委託道士（司公）在廟為之。」其文後附有一份當時霞
海城隍廟之疏文，疏文內容：（增田福太郎，2001：106）

　　　　伏以
　　　　聖慈賜祿掃千災，求之即應
　　　　神恩降祥招百福，感而遂通
　　　　今據
　　　　○○○○○○○○○○奉
　　　　道投神，禳災解厄，進錢補運，助旺元辰，祈植安福○○○○○○
　　　　○○
　　　　誠恐命內侵帶天羅、地網、喪門、白虎、天罡、吊客、流字、太歲、
　　　　大王、小鬼、五鬼、六害、五方、金木、水火、土煞、九良（龍?）、
　　　　三煞、一百廿四凶神惡鬼，恐有入命作災○○○○○○○○○○，
　　　　合家欲求平安，無方可投。
　　　　涓今月○○○日大吉仗
　　　　道抵廟立疏保運禳災。香主丹誠虔具香燈喜果○○金帛等式，叩求
　　　　霞海城隍　案前呈進　為民作主
　　　　乞恩，蓋保○○命內屆今向去，凶星退散，吉星進宮，災隨電掃，
　　　　福向雲生，星辰光彩，命運亨通，大命堅固，身體平安，仍保合家
　　　　迪吉，人日均安等。因右具文疏申上
　　　　城隍老爺
　　　　內宮夫人
　　　　左右判官
　　　　合廟等神
　　　　謹疏　以
　　　　聞
　　　　天運○○年○月○日　　　　　　　　　　　　　　　具文疏上
　　　　申

　　此一段紀錄，已經將現代祭解儀式中，常被作為祭解項目之一的流年歲
君也就是叢辰煞星加入，這是前面諸篇記錄所未出現。此份疏文與現今北部
正一道法二門，所用之「祭祀補運」疏文多處雷同。由此亦可推論於 1942 年
前後日治時期，於霞海城隍廟內已有，為信徒所作之補運儀式，而此時求行

補運儀式的，多數是為禳求解厄治病。若再加上 1933 年由鈴木清一郎的紀錄，已可確認這一時期的補運儀式，跟現在宮廟所行之，祭解儀式中前半段的「祭祀補運」，已近相同，但尚未加入「解送煞神」的儀式，所以依筆者對祭解儀式的定義：「祭解儀式是由「祭祀補運」和「解送煞神」二項儀式所組合而成的組合式儀式。」在日據時期期間尚未有現今祭解儀式的產生，有的只有在廟裡由道士所施術的祭祀補運儀式，也就是單一只有「補運」儀式而已。

參、國府

1989 年蔡相輝在《復興基地臺灣之宗教信仰》在烏頭道士之業務一節提到「送外方：謂家中有人沖犯惡煞，惡煞作祟，致家人不平安。須請道士誦唸咒語，並施法術，驅逐惡鬼煞神出境，始得平安。」；「祭天狗：謂人出生時日帶有天狗，則常會有壞運氣，若請道士施以『祭天狗』法術，始可保平安。」

在紅頭道士之業務一節提到：「補運：謂家中若常不順或家族常有人得病，即為家中運氣漸衰。須請道士到家設壇，誦唸『補運科儀寶卷』及其他各種神咒，始能讓家中運氣旺盛起來。」；「做司：若家中有人感染重病，發高燒，昏迷不醒，則請三奶派道士三至五人，至家中開壇，並從事安斗、諸神、弄獅、勒符、追煞、送火等法事。謂如此病者自會痊癒。」（蔡相輝，1989）

此一紀錄是正式提到補運儀式中有誦唸『補運科儀寶卷』，此是現代儀式中所未有的，但跟筆者在淡水清水祖師廟所訪談到的，一位在廟外擺攤超過 40 年的算命老師，他就表示早期祭解時，道長在第一段的祭祀補運中，還會誦唸南、北斗經，以為求祭解之信徒誦經迴向補運，儀式中信徒需要隨著道士的誦經聲及指示跪拜，但近 25 年已不再有誦念南北斗經了。

在許麗玲〈台灣民間信仰中的補春運儀式〉一文以台北市大稻埕媽祖廟為記錄對象（此一廟也為本論文觀察之個案之一），本文雖以過年期間的補春運為主題，但其內容也是對當時的祭解儀式作一紀錄，文中已將祭解儀式分為，補運（保運）及祭改二個儀式流程，（許麗玲，1999.2，95～129）而第一個部分與筆者近年紀錄的儀式內容相近。

第一段的補運儀式：儀式地點在媽祖廟偏殿，註生娘娘殿中左側，首先信徒將金紙一份；其中包含有：大壽金、小壽金、改連（補運）錢及刈金，以及麵線和龍眼乾各一包放在供桌上，然後站在法師的後面持香跟拜。法師則

右手持鈴，左手持淨板，一面搖鈴一面唱念召請神明，而在每個唱念的段落時則拍打淨板。依序召請神明來臨，然後宣讀疏文事因。接著將杯筊放在疏文上，再由事主捧著疏文卜擲杯筊，祈求神明答允庇佑，待事主卜得聖筊之後，法師接著手持淨板拍碎龍眼乾的外殼，一面口中唸著：「龍眼褪殼褪伶俐，事主一家大小吃百二」，然後將金紙及疏文交付給事主到廟中的金爐中燒化，至此儀式告一段落，而麵線及龍眼乾就由事主帶回去食用。

　　第二段的祭改（送）儀式：儀式地點在媽祖廟偏殿的外面，右後方放一桌子上頭擺滿了需要祭改的民眾所置放的紙糊「關限」，另外還有祭改的祭品：小三牲〔註8〕或餅乾。祭祀用品（紙料）有以硬紙板印刷的關限牌，還有依實際祭改民眾之性別而放置的男、女替身（薄紙單色印刷的男、女人像），除此，還有彩印的天狗、白虎及五鬼。在關限之中還有祭改用的紙錢，其中包含有「改連真經」、「經衣」及「小銀」。儀式首先是召請各路煞神，包括天狗、白虎、五鬼煞神、關限歲君，還有一太歲、二太陽、三喪門、四太陰、五官鬼、六死符、七歲破、八龍德、九白虎、十福德、十一天狗、十二病符、十三飛廉煞神君等。第二段是請替身，交代的身分。〔註9〕

　　第三段是為替身開光。

　　第四段法師唸出祭改的事主姓名、八字及地址，以及祭改的事由，然後擲手筊，直到出現「聖杯」，以確定替身將所有的災厄都替代消除。〔註10〕

　　第五段是以口白的方式召請天狗白虎等煞星。

　　第六段為送煞星，並且卜擲手筊來確定所有災厄都已消退。最後這一段的口白念完之後，法師將關限及其中的紙錢送到另設於一旁的爐中焚化，這時整個儀式也近結束。儀式最後是民眾在拿來祭解的衣服內面，蓋上天上聖母印章，這些衣服可以帶回去穿，因為蓋上神明的印章，所以具有保護作用，至於祭拜煞神的小三牲及餅干則不可再帶回食用。

〔註8〕文中提到所謂的小三牲是由一小塊生的豬肉（五花肉）、三塊豆干及三個生鴨蛋（也有人以皮蛋取代）所組成的。

〔註9〕雖然作者許麗玲認為這段是在交代替身的身分，但以筆者的經驗及認知這一段應該算是為替身紙人開光的前半段。

〔註10〕作者許麗玲描述，此段儀式法師在唸到身體的部位時，會以關限牌在事主的身前相關的部位比畫過，也在末尾祝念災厄消退之時，以頓腳的方式來表示驅退災厄之意，最後法師還會要求事主對著關限裏的替身哈一口氣，除了有將事主的穢氣帶走之外，也以此表示替身有事主本身之氣，使得神煞誤認替身為事主，因此才能替代事主受災殃。

　　許麗玲的觀察紀錄，雖是以補春運為題，但去除掉安太歲的部分，其實就是一套完整的祭解儀式紀錄，只是其文中對於祭解儀式中的儀式涵義，多有錯誤的解讀，但當與現今的祭解儀式比較，又會發現有些微差異，或許這就是此一儀式，在時代巨輪轉動下的變遷。2001 年李豐楙、謝聰輝合著的《臺灣齋醮》一書提到：

　　傳統正一道士在私壇進行祭解作法常見的過程如下：
　　首先是「論命」，道士會依信徒命籍戶（通常是全家）流年神煞先解說，甚或以八字、紫微斗數論命，沖犯較輕微者，即將姓名、八字、住址代為填入「燃燈祭星解運疏文」，然後進行「補運」儀式，即在內壇依請神、宣疏、卜筊程序，信徒親自隨拜，未到者，則以衣物代替未到之祭解者。由道士代為卜筊直到聖筊出現才算完成。接著道士於廟外向外為神煞開光，啟請神煞，祭拜神煞後，為信徒祭解所有關煞，諸如車關、火關、水關、白虎關、天狗關、五鬼關與一切雜煞，然後手搖法鈴、口唸神咒，帶領信徒於廟外繞圈或過七星橋。最後進行「割鬮」與「過限」，其儀式為：法師一邊唸神咒，一邊以師刀敲擊師刀上之銅錢，以震懾附於衣物與身上的邪煞，並以點燃的香條，為信徒持咒淨身驅邪，割斷信徒手持之鹹草（象徵割斷邪煞糾葛）接著信徒手握「替身」及衣物，對著「替身」哈一口氣氣，代表替身承受並帶走所有污穢煞氣，穿過印有天狗、白虎及五鬼等圖案的關限牌（以替身代罪並通過象徵危阨的關限煞牌），也象徵「過關度限」。最後信徒火化「改連真經」、「經衣」及「小銀」等紙錢，撥開十二個龍眼乾，象徵「脫殼」，一年十二個月無災，並帶回「長壽」麵線煮食，以祈禳求添福增壽。（李豐楙、謝聰輝，2001：106～107）

　　比較《臺灣齋醮》所紀載及許麗玲的紀錄觀察，雖然二者的成文時間相差 3 年，但觀察時間點應該是相近的，但卻有著不同的儀式描述，雖同樣「有祭祀補運」及「祭送煞神」二個主要重點儀式，但儀式的進行及內容有所異同，如：帶領信徒於廟外「繞圈」或「過七星橋」、「割鬮」與「過限」，以師刀敲擊師刀上之銅錢，以震懾附於衣物與身上的邪煞，並以點燃的香條，為信徒持咒淨身驅邪等，這些的異同也正好呼應了葉春榮在〈臺灣祭解儀式：儀式標準化問題〉一文的內容：祭解一類的法事，在各地方或者各地道士／

法師強調的重點不同而有不同的名稱，譬如祭解、交解、祭星、補運、補春運、造橋、過釘橋、過刀橋、過龍虎橋、過七星橋、造橋過限、割鬮（gua kao）……等等；同樣是道士、同樣是法師，做法也往往極不相同。我們只能說某個地區的道士大約怎麼做，法師大約怎麼做。（葉春榮，2013：230～301）並沒有標準化的儀式，筆者認同葉春榮的這一觀點，因為台灣民間宗教存在著許多不同的宗派，而各宗教派別內也會因為，不同的傳教區域或道士圈而使儀式有所差異，更有因為到一新的傳教區域，為迎合當地原有的信仰模式，而參加入跟原本所學不同的儀式內容，以求能更快融入當地的祭祀圈，而能更容易被當地信眾所接受。

肆、小結

從以上的文獻紀錄，我們可以比對出祭解儀式的可能演進過程。早期閩粵移民渡台之初，執行「道法二門」的「客仔師」也將故鄉「改運」〔註11〕與「補運」的儀式，帶到臺灣。而隨著華人的移民活動，包含了「祭祀補運」、「解送煞神」為主軸的「祭解」儀式也隨之傳到了東南亞的華人信仰圈。更說明了現今流行的「保運祭改」這項源於紅頭法師「做小事仔」的儀式，不僅是小型之祈禳求平安的宗教祭儀，亦是於早期流行於台灣民間針對個人，的小型宗教醫療儀式。而在研究史料的紀錄中，亦可發現祭解儀式的形成脈絡：

日據初期尚未有將祭送與補運合而為一的儀式，而是因為著不同的祭祀目的，而各自分開施法，或因為信眾的需求才將之一起施法。1933 年由鈴木清一郎所著的《增訂臺灣舊慣習俗信仰》在師公祈禳一節，即有提到，所謂『祭送』：「就是祈求病癒。」的目的，從文中描述儀式的內容，雖然已有現今祭解儀式包含「祭祀補運」及「解送煞神」二段的儀式內容，但從文中敘述「一邊拿起老君印和替身等一邊進入病人的房間」（鈴木清一郎，2000），即可知此時期的儀式，應是在私人宅邸所舉行，而非同現今是在宮廟舉行。1942 年，增田福太郎在台灣地區長期的田調後，於所著《東亞法秩序說——以民

[註11] 在訪談霞海城隍廟的陳啟輝道長時，將祭解儀式後半段的「解送煞神」稱為改運，並可將之區分為：1. 在祭祀天狗白虎五鬼等煞神、煞星、流年關煞時稱為「祭」；而以替身紙人為信徒解厄淨身並送走替身紙人的儀式稱為「改」，這點就如同筆者所論述。

族信仰為中心》一書中〈病厄和巫術〉其文後附有一份當時霞海城隍廟之疏文，並指出儀式目的是為「解厄治病的『祈禱』」，因此可以了解，在日據時期1942 年前，宮廟尚未有現今包含「祭祀補運」及「解送煞神」的祭解儀式產生，有的只有在廟裡由道士所施術的「祭祀補運」儀式，也就是單一只有「補運」儀式而已。（增田福太郎，1942）許麗玲在〈台灣民間信仰中的補春運儀式——以北部正一派道士所行的法事儀式為例〉一文指出：「現今在廟宇及道壇中的小型補春運儀式，則是近二、三十年來才普遍盛行的」，由此文的發表時間是 1999 年，也就是其推估最早盛行，在廟補春運的習俗，約是在 1969年左右；（許麗玲，1999.2：99～100）而施晶琳在其 2003 年發表的《臺南市興泉府祭改法事之研究》根據他訪問林俊輝道長的紀錄，林俊輝道長表示根據他的了解：「祭改法事應該距今已有三、四十年的歷史。」也就最早約是在1963 年左右。（施晶琳，2005.1：229～273） 筆者認為一個儀式的產生，到被其他儀式專家認同並被宮廟模仿施行，絕非一時間即可即，尤其是在交通及資訊傳播尚不發達的 1942～1950 年時期，而要將原本，就已存在於民間道壇的補運與祭送儀式，或少數大廟在施術的補運，將之合而為一，成單一儀式，並在各不同傳承的儀式專家間獲認同，並流傳到各地大廟，筆者認為要由北傳到南，尤其是要在各地不同的道士職業圈中盛行，最少也要 5～10 年，因此推估現今祭解儀式的「初形」，約是在一九五零年代期間所形成的。

　　勞格文認為：「儀式專家對於儀式的分類及經驗，是由不同時期的儀式標籤或傳統層疊累加而成，每一層的儀式傳統是由一個特定時期最有效的儀式標籤所組成，而這一標籤又在同時代被不同的儀式專家，通過模仿、挪用和修定，重新調整自身的儀式傳承。」（勞格文，2015：5）筆者從歷史的縱軸爬梳文獻研究，發現並認為，在宮廟舉行，由「補運」與「祭送」合而為一的「祭解儀式」，約是在一九五零年代期間開始，此一階段剛結束「日據時期」日本總督府為施行皇民化，迫使台灣民間道教宮廟，必須依附在佛教之下，以求生存而大力打壓漢人宗教信仰的時期，而國民政府在光復後解嚴前，以宗教自由為號召，期以為對比當時中國共產黨的宗教不自由，以攏絡因日據的 60 年文化差異的台灣民眾，使原本被日據政府壓抑的道士、法師得以再次於各宮廟間活絡起來，在這樣的氛圍下，早期為求生存而改行或兼職或以其

他行業為主業〔註12〕的道士、法師也紛紛回歸，甚至以本身之宗派傳承，結合成道士組織或教團，配合各宮廟所需將原本在各自教壇，或信眾家中施行的補運、祭送，補運獅，童子關限等的儀式，經過施術者及其教團對儀式的認知互參加減，而形成現今祭解儀式的模式，但也因為各個宗派、教團、道士圈及地域的差異而形成不同的祭解儀式，也因為各自對祭解儀式的理解及宗派傳承，而有不同的名稱卻行類似相同目的的儀式。

　　而筆者在宗教調查過程中，訪問到慈聖宮的朱建成道長他表示：「早期信徒有需要求助道士壇時，道長會先以小法的方式為信徒『制解』（此時期的「制解」據朱道長表示其意是「制化煞神」之意，也就是鈴木清一郎所描述的「祭煞」儀式。），視情況有時還會跟信眾相約每月農曆的初一或十五日，再到大廟舉行『補運』的儀式。」而朱道長也表示：「將『補運』與『制解』合而成為現在的『祭解』儀式，應該是在台灣光復後約一九五零年左右。」這點跟筆者的推測時間點相同。而府城隍廟的李游坤道長，以府城隍廟的情況為例，他表示：「他的道士團在府城隍廟已服務了 27 年，加上前面的二位老道長也估計約服務了近 40～50 年，所以他推估約是在民國 40 年代左右，開始有道士跟廟方合作在廟為信徒作祭解，而他也表示，在日據時期會有道士在廟等待信徒，為信徒做補運儀式，有時為了賺錢或信徒有需要，會再相約到私人壇，為信徒做祭送的儀式」。而這也證實了筆者從史料文獻所整理調查到的，在日據時期，尚未有在廟為信徒所舉行，由「祭祀補運」跟「解送煞神」所組成的，現代宮廟之「祭解儀式」。

　　當然除以上相關文章有紀錄相關祭解之紀錄外，2010 年後尚有許多論文或書籍多少都有紀錄相關之儀式，如張珣的〈道教「祭解」儀式中的懺悔與「替身」──一個文化心理學的探討〉，葉春榮的〈臺灣祭解儀式：儀式標準化問題〉，張家麟的〈多元與跨宗教：比較「宮廟祭解」儀式〉等，但這些的紀錄儀式內容與〈台灣民間信仰中的補春運儀式〉、《臺灣齋醮》二篇文章相近，對於本章節祭解儀式在台灣的歷史發展，無明顯的演進、對比、比較之作用，所以就不再贅述。

〔註12〕李游坤在其碩士論文《臺灣基隆廣遠壇的傳承與演變研究》訪談李松溪道長關於道士與廟宇的合作一題時，李道長即提到：「早先臺灣社會經濟尚未發達，建醮者不多，傳統上即以法場科儀作為主要的營生活動，甚且需要兼職其他行業方能維生。」（李游坤，2011）

第四章　祭解儀式及用品之內涵

　　祭解儀式主要是由：「祭祀補運」與「解送煞神」二段法術核心內容所組合的綜合儀式；並且會因為信徒所求祭解的事由不同，而有不同「目的」之儀式效果；儀式後半段的解送煞神之儀式內容，充滿了模擬巫術及接觸巫術的象徵及意涵；且祭祀用的供品及紙錢，也因為二段核心儀式的不同，而使用完全不同象徵涵意的供品和紙錢。

第一節　祭解儀式的核心與目的

壹、儀式的核心「架構」（framework）

　　祭解儀式主要核心是由：「祭祀補運」與「解送煞神」二段法術內容所組合的綜合儀式，「祭祀補運」顧名思義就是經由儀式專家，儀式性的祈神與代禱宣疏，來為「受祭者」達到補運的效果；「解送煞神」則是由儀式專家藉由儀式，召請可能致惡的煞神請煞神享食祭品，並於祭祀後由替身代受災殃，解除「受祭者」生活上可能發生的災禍，並送走煞神、煞星使之不再致惡。而此二項法術內容即是組成祭解儀式最核心的法術儀式。

一、「祭祀補運」

藉由不論道教的道長、佛教的法師或居士、甚至是乩童等「儀式專家」
〔註1〕，經由請神啟神等之儀式，祈請神靈降駕儀式現場，由儀式專家誦念禱
詞，代宣疏文〔註2〕，稟報信徒的生辰八字、居住地址及求祭解事由，藉由疏
文內的祈禱詞〔註3〕，祈請神靈賜福消災、解除病厄、化解流年凶星關煞，並

〔註 1〕詳細內容請參閱：在張家麟的〈多元與跨宗教：比較「宮廟祭解」儀式〉及
　　　葉春榮〈臺灣祭解儀式：儀式標準化問題〉，都有記錄到台灣地區的祭解儀式，
　　　會由不同身分的儀式專家來進行祭解儀式。（張家麟，2017；葉春榮，2013：
　　　230～301）

〔註 2〕這樣的儀式內容，最早可以在記載隋朝的歷史的《隋書》裡發現，其中有一
　　　段：「又有諸消災度厄之法，依陰陽五行數術，推人年命書之，如章表之儀，
　　　並具贄幣，燒香陳讀，云奏上天曹，請為除厄，謂之上章。」此段表述在隋
　　　朝之時已有，以命理的方式來算人的流年命書，並以此論吉凶，若有不祥災
　　　厄，即以疏文燒香陳讀，云奏上天曹，以祈禳消災除厄，這樣的儀式稱為上
　　　章；而這樣的儀式內容正如同，現今祭解儀式前半段的「祭祀補運」之儀式
　　　內容，亦可說明祭祀補運的儀式目的及內容，是早已存在於道教的「上章儀」
　　　中，亦可說此段儀式是道長是以道士的身分來執行道教的「上章」，是屬於道
　　　教儀式的一種。

〔註 3〕本文藉 1942 年增田福太郎紀錄的霞海城隍廟之疏文，為疏文案例來解說，疏
　　　文的大概內容：疏文初段為請神降駕聞疏，後由道士宣讀求祭解者姓名、八
　　　字、住址等資料，祈禳城隍老爺補運；疏文第二段為各宮廟制式的祈禳解除
　　　文，以稟告神靈各種可能為災的流年煞星、關厄、各式劫煞等，祈禳神靈能
　　　化解並解除可能的災禍，疏文後段為祈求霞海城隍，為民作主，能凶星退散，
　　　吉星進宮，災隨電掃，福向雲生等等的「祈禳補運」之詞，向城隍爺上疏請
　　　城隍爺補運，最後再由道長或信徒自己擲杯為信，擲得聖杯及代表城隍爺應
　　　允補運。詳可參考本文後附錄本文研究範圍各宮廟的疏文照片。

以擲得聖筊的方式來呈現神靈的應允，以期能透過神靈的加持，讓好運能更好，為可能的低迷運勢補充好運氣，消災解厄、趨吉避凶。簡言之就是以祈神祭祀之儀式，來達到補充好運勢之「補運」目的，也就是俗諺所說的：「大事化小事，小事化無事」。

筆者將祭解儀式的前段施行的法術內容稱為「祭祀補運」的理由分為以下幾點說明：

（一）儀式一開始，由信徒置備供品，後由道士以跪拜之禮表示崇敬，以請神降臨儀式現場，後誦唸「疏文」，以祈護佑，這樣的儀式內容已可將之視為是一種「祭祀」及「上章」〔註4〕之行為。

（二）在史料的爬梳可以發現，現今祭解一儀式的前半段內容，在早期就叫「補運」或「保運」。

（三）之所以會有「補運」與「保運」二個名稱，筆者研究認為這是因為其台語讀音都相同的因素，造成音譯時的錯別字，這就像祭解一詞也因為台語讀音的音譯，而有不同字譯；而「保」有看守住，「保護」不讓受損害或喪失及「保持」維持原狀，使不消失或減弱等之意涵。而補有「補充」增補不足之處加強之意及「補救」彌補過失，矯正差錯的等之意涵，在兩者相對比之下，筆者認為「補運」二字較符合儀式之目的。

（四）祭解之目的本就是為，祈禳神靈賜福增加好的運程，減輕或解除壞的厄運，這點在祭解儀式所用的疏文即可一窺，疏文的後段多數都會有：「祈禳元神光彩、運途平安、男添百福、女納千祥。」等祈禳未來人生運程順遂加強好運作用之詞句，此即是透過疏文的內容經「請神」、「稟報受祭解者資料」、「禳解煞神、關煞、厄運」〔註5〕、「祈禱賜福」最後以擲筊方式，求得聖杯來代表神靈應允所禱，賜福消災「補運」。

綜合以上，筆者將此段所施行的法術內容，稱為「祭祀補運」。

〔註4〕上章是天師道與神靈溝通的最重要手段（丸山宏，1992：53-61）「章」的意思，是給皇帝的奏章，天師道的上章模倣自官員的做法。而在祭解儀式中的「疏文」我們可以將之視為「章」。上章是天師道治病的方法。（丸山宏，1988：27-47）

〔註5〕此處是「下對上」以禱告之法請求神靈能化解煞神、關煞、等厄運，與第二段「祭祀補運」則是藉由法師「上對下」的關係概念，以完全模擬巫術之儀式手法，請來煞神享用供品，以口白式的經咒命令要求煞神享用完供品後以「拿人手短，吃人嘴軟」之勢，速速遠離，並由替身代替受祭解者代受災厄，這二段儀式意涵是不一樣的。

二、「解送煞神」

藉由儀式專家，經由儀式，開光代表祭解者的代生人物（紙人或草人），並與煞神（天狗、白虎、五鬼、流年關煞等）以類協商的方式達成共識，來解送可能會造成災厄病痛的煞神（星）；開光代生人物，由代生人物為替身，將信眾的壞運由代表信眾的紙人和草人來承擔，由他們將信眾代表煞氣的壞運都帶走，使信眾的壞運能得到解除，而獲得生活上的平安順遂。簡言之就是以儀式藉由小三牲的祭祀，來禳求解除煞神（星）所可能帶來的病痛災禍，並由代生人物（紙人或草人）來代受災殃，禳得一年的平安順遂。

筆者將祭解儀式的後段施行的法術內容稱為「解送煞神」的理由分為以下幾點說明：

（一）在民間信仰裡，認為會因為沖犯天狗、白虎、五鬼等煞神、關厄而可能致災，使未來的生活不順遂，並認為天狗、白虎、五鬼等各式關煞，都是亦正亦邪的煞神，是可以以祭祀的方式將之送走的，而送走了煞神，就等於解除了這些煞神、關煞所可能帶來的災厄危機。

（二）送走煞神的方式，就是在儀式中以先禮後兵的方式，請煞神享食小三牲、茶、酒等供品，並在儀式後以「拿人手短，吃人嘴軟」之勢，命令煞神速速遠離「送走」煞神、關煞，以「解除」因為煞神、關煞所可能帶來的病痛災禍。

（三）儀式中紙人藉由道長的「請替身」儀式並開光紙人〔註6〕，由道長的儀式以完全的模擬巫術，將受祭解者可能的災厄，由替身紙人來替代，以使受術者得到解除危機之效果。

（四）比對文獻可以發現，將祭祀天狗、白虎、五鬼等之儀式，在國府時期以前大都稱為「祭送」或「送外方」，而從字義上及法術的內容所用的經咒即可知，這段法術的目的，就是要將這些煞神、關厄等送走，使之不再對求祭解者為惡。

綜合以上可以知道第二段的法術內容，是「祭祀煞神」後以禳「解除」煞神、關煞等可能帶來的災厄，並由替身紙人代受災秧，最後再「送走」煞神、關煞使之不再為惡，由紙人替來解除可能的災厄危機，因此筆者將此段

〔註 6〕在文獻的紀錄裡，代替生人受災厄之物（簡稱代生人物），有鉛人、人蔘、土偶、石真、松人、柏人、草人、紙人等，但因為本論文所調查之宮廟都是以紙人為主要代生人物以作為替身，所以本文以替身紙人為主要論述名稱。

所施行的法術內容，稱為「解送煞神」。

三、討論

　　筆者之所以將祭解儀式分為：前半段的「祭祀補運」與後半段的「解送煞神」二段法術內容，其原因有：

　　（一）林富士指出：「東漢之後，根據六朝時期的文獻紀錄。當時替人治療疾病的可以有四種人，醫者用「湯熨散丸」（針灸和藥物），僧尼用「齋講」（齋戒講經），道士用「奏章」（上章悔過），巫覡用「解除鬼禍」（厭勝禱解禳除）。」（林富士，1999.3：1～48）從以上可知「上章」是道士特有的祈禳治病科儀之一，而這樣的科儀儀式就如同祭解儀式，前半段的「祭祀補運」，由信徒置備供品，後由道士以跪拜之禮表示崇敬，以請神降臨儀式現場，後誦唸疏文，以祈護佑。筆者認為這段的儀式內容，就是「儀式專家」以道士的身分行道教之祈禳儀式。而巫覡的「解除鬼禍」其義就同現今，祭解儀式後半段的「解送煞神」，「儀式專家」以法師的身分，施術謝（送）外方（指遊方亡魂）祭送五鬼、白虎、天狗等神煞的函意相同。而有此即可理解祭解儀式的過程，儀式專家是以「道士」和「法師」的身分，分別執行祭解儀式前半段的「祭祀補運」與後半段的「解送煞神」二段法術內容。

　　（二）在儀式的過程中，很明顯的不論是廟方準備的，或信徒於廟附近所買的供品，都會因為二種不同的祭祀對象及目的，而準備不同意涵之二份供品，例如：儀式前段供神所用的麵線、福圓、米糕等，及後半段祭拜天狗、白虎等煞神所用的小三牲，並各別裝盤以供分門祭祀。

　　（三）祭祀後的供品被賦予完全不同的象徵涵義，祭祀補運用的供品，被信徒認為是沾有吉祥之氣的「福胙」，是神靈賜福，吃了能保平安，甚至是疾病得醫治的「類醫藥」；而解送煞神用的小三牲，則是被認為已被煞神所食用過，並帶有祭煞後轉移的煞氣，而有不潔之意，所以信徒是不會帶走的。

　　（四）在文獻的爬梳中筆者也發現，在清代到日據時期，補運與祭送是分開進行的二種不同的法術儀式。〔註7〕

　　（五）在社會宗教調查中發現，二段儀式會在各自不同的儀式空間或範圍進行。

　　（六）在社會宗教調查中訪談到朱建成道長，他表示儀式的前半段道長

〔註7〕詳細內容請參閱本文第三章第三節。

是以道士的身分來進行「祭祀補運」的儀式，而後半段則是以法師的身分來進行「解送煞神」的儀式，這一點可以從道長在儀式過程中是否有穿道袍來區分，而這一項筆者在調查的過程中確實在法主宮、霞海城隍廟及慈聖宮有記錄到這樣的儀式現象。

（七）儀式祭祀的對象不同，前者是各廟儀式空間的主神；而後者很明顯就是解送煞神所用紙料所模擬的天狗、白虎、五鬼、替身紙人及流年關煞煞神。

（八）燒化的紙錢，就使用的對象及用途，二份紙錢即已有很大的差異〔註8〕，尤其是「解送煞神」所用的紙錢，更是被完全的擬人化而認為，煞神會因為等著收取燒化後的紙錢，所以會盯著並跟著這份紙錢直到燒化，為免煞神再次跟者受祭解的信徒，而再次造成或可能的成災為禍，失去祭解的目的，所以多數都是由法師或廟方，隨著所用的整組包含天狗、白虎、替身等關限牌紙料一起燒化。

綜合以上原由，及筆者社會宗教調查後的觀察成果和理解，故而將儀式化分為前半段的「祭祀補運」與後半段的「解送煞神」二段法術內容之「核心架構」（framework）。

貳、目的

祭解儀式的原始宗教思想，來自祈禳、補運、驅邪、送煞的信仰層次，在前一章節，祭解儀式在台灣的歷史發展已有闡述，祭解儀式不只會因為施術者等因素的不同，而使祭解儀式有所異同，也會因為社會變遷、科技的發達、醫療的進步、台灣健保制度的健全，甚至是現代人的文明煩惱等因素，使祈請祭解儀式消災解厄的目的也多有改變，而這樣運用相同祭解儀式，求解不同目的的儀式效果，筆者依①術法類別②施行的法術內容③儀式的效果目的，將之總整、歸納分為：1. 咒禁術〔註9〕目的、2. 解除術〔註10〕目的，其原理如下：

①術法類別 → ②施行的法術內容 ＝ ③儀式的效果目的

一、咒禁術之目的

在早期，因著信眾求請祭解的目的，多是為了求請廟方神靈，能大顯威

〔註 8〕詳細內容請參閱本文第四章第五節。
〔註 9〕詳細內容請參閱本文第二章第三節。
〔註10〕詳細內容請參閱本文第二章第四節。

靈，禳除身體的疾病〔註 11〕，乃至於在醫療尚不發達時期，或宗教信仰心理因素，被認為是鬼邪作祟，所造成的病痛甚至是精神疾病，為解除病厄以求回復健康為目的，而施行的「咒禁術」：

　　祈禳 →「祭祀補運」+「解送煞神」＝ 咒禁術

二、解除術之目的

　　而現今因為工商發達及醫療進步，人民的煩憂之事已不再只是吃飽沒、身體的病痛或是心理精神上的疾病。更多的是生活上的煩憂如：官司、靈異事件、桃花、車關、事業、工作、求財、投資創業等多樣性因素，而求祈祭解能為其化解，這些生活上的煩憂，以求生活上之平安順遂之目的，所以現在的祭解儀式已轉變為解除災厄祈壞生活上之平安順遂的「解除術」：

　　祈禳 →「祭祀補運」+「解送煞神」＝ 解除術

三、討論

　　隨著時代的改變、社會經濟環境的轉換，祭解儀式從早期的，為求疾病能快點好轉或痊癒的目的，到近代，因為各種生活上的煩憂，而到廟求術於祭解儀式。吳柏尚以淡水福佑宮為研究對象，將現代到廟求祭解的信眾，其祈祭解目的，歸納有：

　　（一）傳統祭解動機：1. 病、2. 五鬼官司、3. 靈異事件、4. 犯太陽太陰桃花、5. 車關、6. 喪門；（二）經濟動機：1. 事業、2. 工作 3. 求員工財、4. 投資創業、偏財、高利貸；（三）心靈動機：身心靈困境；（四）社會的動機：1. 家運、2. 便利、3. 道長魅力六；（五）多樣形態：多樣化效果。（吳柏尚，2020）

　　這樣的轉變，也正是筆者希望藉由此篇論文，將現在這個時代的祭解儀式做一記錄，就像筆者的研究發現，祭解儀式並不是從民國 30～40 年代至今不變的，剔除因為傳承宗派不同的因素，就算是相同的傳承宗派，儀式也是

〔註 11〕基隆廣遠壇的李松溪道長，在接受李游坤的碩士論文訪談時就有提到：「法場這種東西，基本上是在生病（重病）的時候才做，古（早）時候醫學比較不發達，如果生病會先試小法，不行才去看醫生（先法後醫）。現在時大不一樣了，都是先看醫生，等到不行了、沒辦法了，才來試看看法（先醫後法），剛好跟以前相反。我們家五代人都有藥草，我父親有學漢方，專門治囡仔症，所以他們以前都是等於說和醫是結合的。」（內容請參考：李游坤《臺灣基隆廣遠壇的傳承與演變研究》）

可能會因為，社會的轉變、時空的差異、施術者的不同，甚至是對儀式索求目的不同之理解，等因素而有所變化。

第二節　祭解儀式的流程

現代宮廟的祭解儀式粗略可分為三個步驟：1. 報名及準備工作　→　2.「祭祀補運」　→　3.「解送煞神」

以下章節為求能清楚表達祭解儀式，各段儀式的流程，筆者將以下各節分為「準備」、「祭祀補運」和「解送煞神」三小節來撰寫。

壹、準備

現在宮廟的祭解多數朝向「標準化」、「集體化」的方向，（張家麟，2017）首先先到服務台報名，報名時廟方會索取祭解信眾的姓名、性別、出生八字、住址求解祭解儀式的項目，或家屬會簡要的說出病人的在身體、運勢、人際關係、感情、事業等方面的情狀，廟方服務人員會診斷、「定名關限或是衝煞的名稱等」（張珣，2008：375～417）再代填入祭解疏文之中。也有些信眾會因為算命，命理師要求信眾要到廟裡尋求特別的祭解項目例如：血光、車關、病符等，若無特定需求之祭解項目即由廟方統一為信眾，依照當年的春運運勢圖，依十二生肖為基準來判斷所犯流年神煞（星），填入「標準化」的祭解疏文中，收取費用後按照廟方的指示到特定的地方，領取由各宮廟方為祭解儀式統一準備的祭祀用品，這些祭祀用品包含「祭祀補運」和「解送煞神」所需的金紙、紙人、天狗、白虎、五鬼、關限牌等紙料及餅乾、小三牲、龍眼乾等祭品（每間宮廟所準備祭品不一樣請參考下一章）。後即等待訂好的儀式場次時間集合，排列供品及祭祀紙料，未能到場之祭解者，則以衣物代替一起排列於供桌上，後即依序進行「祭祀補運」和「解送煞神」的祭解儀式。

貳、祭祀補運

祭解儀式上半段之祭祀補運，一般在宮廟內殿或專為祭解儀式而設的偏殿舉行，道長頭戴冠、身著道服，以謙卑禮神的姿態，莊嚴自在站在儀式空間的科儀桌前，引領信眾隨著道長的儀式流程誦念聲中隨侍跟拜，先誦唸請神咒，祈請神靈降駕儀式現場，道長首先焚香誦唸禱詞，唸誦祭解者姓名、地址與生辰等資料，後由道長代宣疏文，以稟告神靈各種可能為災的流年煞

星、關厄、各式劫煞等，祈求神殿中神靈禳解祭解者所求解之事項，祈請神靈賜福消災解除病厄，化解凶星關煞，災隨電掃，福向雲生等等的「祈禳補運」之詞後並由道長或信徒自己以擲筊的方式來確認神靈是否已經應允，如若擲得聖杯，即代表祈禳之事項得到神靈的應允禳解並獲加持補運。

祭祀補運其程序依次為：

1. 稱聖號（消災滅罪大天尊）；2. 唱「發露偈」、「香偈」、「水偈」；3. 請神（唱「請神偈」）、安座；4. 上疏文（恭對神祇讀誦記載有信眾人名、生肖、地址之疏文）；5. 代宣祭解文；6. 擲筊；7. 待所有人都擲得聖杯後，即進行下半段的「解送煞神」儀式。

參、解送煞神

儀式下半段主要為祭煞、過關（解關煞、送關煞或稱送外方），一般在室外（或偏殿面向外方或偏殿）舉行，由於解送煞神的科儀儀式是屬法派的科儀，所以道長不一定會穿道袍，有時道長會將道袍脫掉，僅穿便服，頭綁一紅巾或掛於肩上，這個動作可視為代表道長由道士的身分轉化為法師，其程序又可分為幾小節：

1. 首先由道長帶領信眾，以模擬巫術的原理「先禮後兵」念咒召請煞神，來召請五方神煞，天狗、白虎、五鬼等煞神，有些道長還會召請 12 歲君〔註12〕、12 月令煞神〔註13〕、小兒童子關〔註14〕等同為祭祀。

〔註12〕因為各宗派的經咒都略有不同筆者在此舉一位例：「拜請，一太歲、二劫煞、三喪門、四羊刃、五五鬼、六死符、七大耗、八暴敗、九白虎、十卷舌、十一天狗、十二病符，聞著弟郎祭送煞星，解祭脫身，祈求平安來相請，滿滿疊疊降臨來。」此段所稱十二歲君，乃指唐朝前的論命法僅論十二生肖，同年生的人有相同的壞好運，所以就產生一套以十二年為一循環的論吉凶法則，而此套理論也被運用在算命上，常在農民曆內頁常見的十二生肖算命法，當年各屬十二生肖信眾的運勢，當然有好有壞，即是由此原理而來，在此請的就是年運裡的凶星，稱為十二歲君。

〔註13〕因為各宗派的經咒都略有不同筆者在此舉一位例：「拜請，今年度民國○○年，歲次○○年，正月災、二月厄、三月災、四月厄、五月災、六月厄、七月災、八月厄、九月災、十月厄、十一月災、十二月厄，命帶運行，運限刑剋，聞著弟郎祭送煞星，解祭脫身，祈求平安來相請，滿滿疊疊降臨來。」此段稱為「請十二月令」拜請當年所有月份的煞神來臨。

〔註14〕小兒童子關煞分別為：百日關、千日關、四季關、四柱關、金雞關、斷橋關、夜啼關、閻王關、金鎖關、天吊關、直難關、和尚關、金橋關、鬼門

2. 請完煞神後，就改請替身，並開光替身，以模擬巫術的原理來告誡開了光的紙人或草人，要紙人或草人代替求祭解的信眾，擔起一切災厄、病痛，速出外方，讓信眾能平安度關、解厄、除病，此段口語化咒文如下〔註15〕：「替身是替身，替得千人好萬人輕，自古姜太公做草人，替武吉百日難，後來陳林李奶教人糊紙做替身，替身穿得衫與你平長平寬，與你同年同月同日同時，要擔你災擔你厄擔災擔厄出外方，一年三百六十五骨節，頭戴天羅盡改脫，腳踏地網盡消除，大命堅固身體平安，天煞天上去，地煞地埋藏，人煞消散，鬼煞滅亡，五方凶神惡煞，擔退出外方，過了關，度了限，過關度限保平安，頭咬了尾，咬了凶神惡煞走了了，頭咬（ㄌㄨㄣˊ），尾咬（ㄌㄨㄣˊ），凶身惡煞對門出。」唸完此段咒後，道長以接觸巫術的原理拿起紙人並口念：「口中一下哈（示意信眾對者紙人哈一口氣）〔註16〕，凶神惡煞奉送呂宋阿吩芭（意思是奉送到遠方）。」〔註17〕

3. 獻牲〔註18〕送煞神，法師會以告誡口語化的方式來教天狗、白虎等煞神：「……天狗白虎請爾壇前來食肉，有災有厄擔擔退退到大甲，吃肉皮走西

關、金雞落井關、埋兒關、撞命關、將軍箭、五鬼關、鐵蛇關、湯火關、雷公關、雞飛關、短命關、急腳關、鬼限關、斷魂關、無情關、浴盆關、雞鳴關、深水關、迷魂關、水火關。但祭解時並不會都念請，只會則其中部分召請。

〔註15〕此段口語化的咒文會因著不同的宗派傳承，而有或長或短不同的經咒內容如：淡水福佑宮的羅天道長其所用的改身咒內容如下：「替身代人跟你同男同女同年同月同日生，頭中有災改你頭中退、心頭有災改你心頭安、雙手有災改你雙手過、雙腳有災改你雙腳退離厄，替身代人替你擔厄歹運出外方，神兵如律令。」此段經就較短，在最後再加上「神兵如律令」即有加強語氣以命令式的要替身敕令奉行不可違抗之意。

〔註16〕「哈」氣所代表的象徵意涵，在此有三種解釋，一個解釋就是過去不好的穢氣與惡運一併被所哈地氣所走了，是一種轉移的作用；第二種解釋則是把穢氣哈到替身紙人身上，替身紙人身上則帶有過去的穢氣，相對的此時信眾就是一個潔淨之身，是一種轉化的作用，另有一說是，哈一口氣讓人的氣息活化到紙人替身身上，讓替身有受祭解者的生人之氣。

〔註17〕此段涵義將於本章第二節有詳細之解說。

〔註18〕此處筆者以獻「牲」，而不以獻「供」，是因為早期再祭祀較低階的兵將神靈或動物神或煞神時，多是準備小三牲，且小三牲與一般祭神所用之三牲、五牲等有很大之不同，最大之差異就在小三牲是屬血食的生肉，而這又有模擬天狗、白虎等這些擬動物的煞星，是以血食為祭品，所以筆者在此處將之稱為獻牲，但現今因為小三牲保存不易，有些廟宇如關渡宮就將之改為沙其瑪，蘆洲湧蓮寺就將之改為肉醬罐頭、零食豆干等。

螺，食鴨蛋走遠遠，食豆干到唐山，食糕仔有花字，凶神惡煞走離離，食茶湯走遠遠，食燒酒面帶紅，凶神惡煞尋別人……入命做災，壇前領人錢財為人消災，食人牲禮為人解洗，……。」〔註19〕

4. 隨後即進行「過關」、「割鬮」，道士手持信眾所屬的替身在信眾身體前三後七比劃，象徵安頓信眾的三魂七魄，並口唸「割鬮過關文」。較為傳統的作法，還要準備一根藺草，由信眾與法師各執兩端，法師手持一把結合剪刀和匕首形狀的「師刀」，唸完割鬮過關文之後，隨即割斷藺草，象徵將信眾所犯之厄運邪煞斬斷糾葛。（在台灣南部有些宗派還會在法師手搖法鈴、口唸神咒下，帶領信徒於廟外繞圈或過七星橋後才進行「割鬮」儀式。）

5. 最後法師將象徵已承受所有厄運，帶走所有污穢煞氣的紙人，及信眾的衣服穿過印有天狗、白虎及五鬼等圖案的關限牌（其義是以替身代罪並通過象徵危阨的關限煞牌），也象徵「過關渡限」。

6. 最後信徒火化、壽金、刈金、福金及改連真經等紙錢，撥開龍眼乾，象徵「脫殼」重生，使一年十二個月無災，並帶回「長壽」麵線煮食，以祈禳求添福增壽。

肆、討論

儀式專家在宗教市場中以自己的知識與師承作為爭奪信眾的憑藉，不可避免會產生對同一現象做出不同解釋的現象。（勞格文，2015：7）在社調及文獻的爬梳即可以發現，同樣是道士、同樣是法師，做法也往往極不相同，筆者在社會宗教調查的過程中，就記錄到關渡宮的祭解儀式，因為舊的羅天道長轉換到淡水福佑宮後，關渡宮的儀式內容流程既有所改變，而羅天道長轉換到福佑宮後在祭品及儀式內容流程，也有些許異於在關渡宮時的儀式內容。所以我們只能說某個地區的道士大約怎麼做，法師大約怎麼做。並沒有所謂標準化的儀式，這一點筆者觀點與葉春榮的研究相同，（葉春榮，2013：230～301）這個問題應該跟台灣民間宗教存在著許多不同的宗派，而各宗教派別也會因為，不同的傳教區域或道士圈而有所差異，更有因為到一新的傳教區域，為迎合當地原有的信仰模式，或宮廟方的要求，而參加入跟原本所

〔註19〕此段內容由蘆洲顯妙壇朱建成道長提供，收錄於《太上正一保運祭送收驚全部》科儀本內。相關文章內容，筆者曾於2016年第十屆國際道學研討會，以〈祭解儀式中的展演與思想〉一文發表過。

學不同的儀式內容，以求能更快融入當地的祭祀圈，而能更容易被當地信眾所接受，這一點在本論文對台北市地區的宮廟祭解儀式內容即可發現，同樣的師出同門，卻因為在不同的宮廟服務，而就會有所異同。

第三節　祭祀用品（紙料）的巫術的象徵與意涵

根據英國人類學家弗萊則（Sir James G. Frazer, 1854~1951）在《金枝》一書的理論，（詹姆斯‧喬治‧弗雷澤，1987：19～20）「巫術」的原理是一種「交感律」（sympathetic law）的運用，因此才有「交感巫術」（sympathetic magic）之稱。但「巫術」的交感律又可分為「模擬律」（imitative law）與「傳染律」（contagious law），因此交感巫術有「模擬巫術」與「傳染巫術」兩大類，（董芳苑，1986：258）前者是根據「同類相生」（like produces like）或「果必同因」而來又稱「相似律」、「順勢巫術」或「模擬巫術」；後者是依據「物體一經互相接觸，在中斷實體接觸後還會繼續遠距離的互相作用」而成，也稱「觸染律」、「接觸律」或「接觸巫術」。第一類簡單來說就是僅通過模仿就能實現任何想做的事。第二類則是通過一個物體來對一個人施加影響，前提是此物體有被那人接觸過。（詹姆斯‧喬治‧弗雷澤，1987：21）

壹、祭祀紙料與巫術

一、模擬巫術（imitative magic）

在祭解儀式中，施術者會將代表煞神的五鬼紙牌、天狗紙牌、白虎紙牌，在經過請神、降神、補運、召請煞神後將五鬼、天狗、白虎，完全擬人化。在科儀本中有一段：「白虎天狗請爾壇前來食肉，有災有厄擔擔退退，退到大甲。食肉皮走西螺，食鴨蛋走遠遠，食豆干到唐山，食糕仔有花字，凶神惡煞走離離，食茶湯遠遠……」〔註20〕而法師會在唱誦這段祭解文時，將這些代表五鬼、天狗、白虎的紙牌拿起，依序模擬餵食，就像這些煞神真的已吃到了，信眾所提供的生肉、鴨蛋、豆干（小三牲）〔註21〕、糕餅、茶水等，並同時以似

〔註20〕本《太上正一保運祭送收驚全部》、《祭解天狗白虎五鬼煞神關限全部》科儀本影本，是由蘆洲顯妙壇朱傳道長斌手抄，北部正一劉厝派道士朱堃燦道長所提供。
〔註21〕據劉枝萬在《民族研究所專刊》〈閭山教之收魂法〉一文指出，牲醴之用途，旨在饗於鬼神，理應煮熟。至於小三牲最為簡略而隨便，僅能用於「犒軍」（即犒勞天兵神將）以及「祭煞」（祭送凶神惡煞，即「送外方」或、「謝外

是告誡的語調，告訴這些煞神，吃了信眾所提供的供品，就該遠離授祭解者，並將未來可能的災厄承擔，隨祭解儀式的「送煞」後一起承擔帶走，而這些祭煞後的小三牲等祭品，也被認為是已被五鬼、天狗、白虎所食用過並帶有祭解後轉移的煞氣，所以信眾是不會帶走的，而是由廟方或法師代為處理。

二、接觸巫術（contagious magic）

接觸巫術簡言之，就是一種利用物品的一部分，或時事物相關聯的物品，經施術者施術以禳求吉或嫁禍的巫術。台灣民間的童乩、法師在為信眾，消災解厄驅邪治病的祭解儀式時，會按男女身份製作草人或紙人為「替身」施術，其本意就是在於轉移病人的邪氣給替身，以收治療功效。

三、綜合巫術（composite magic）

除了弗萊則提除兩種巫術外，筆者以為應該還有另一類巫術「綜合巫術」，以祭解的儀式裡，信徒所帶來的衣服為例：

（一）接觸巫術的展現

如果被施術的當事人無法到現場給施術者作法祈禳，只要取「受術者」穿過的衣服一件代替便可；因為未到的受術者，「曾穿過這件衣服」，所以被認為殘留有他的氣息，利用這樣的一個概念，將受術者穿過的衣服就相等於他自己本人，此即是典型的接觸巫術。

（二）模擬巫術的展現

而因為以上的概念，衣服代表了未到的「受術者」並由在儀式現場的家人將衣服拿在手上，在儀式過程中完全模擬了受術者在現場，代替了紙人在儀式裡的「代生人物」的功能，接受道長的祭祀以求補運、解除煞神以求禳除未來可能的災厄，並接受道長的清淨及過關儀式，象徵模擬已經解除了災殃，而這樣的完全模擬受術者來到現場，並接受儀式的洗禮這即是模擬巫術的展現。

（三）綜合巫術的展垷

綜合以上論點，未到「受術者」的衣服在祭解儀式中，即是因為受術者「曾經穿過」的接觸巫術原理，而代表著信徒本人的概念；又模擬代表生人

方）等最下級鬼神，故用途有限。然而在祭煞儀式，如有加用紙糊白虎之祭法，乃應加生小三牲一副；又為新建廟宇或住宅，工程落成而舉行謝土儀式時，如有「安龍送虎」節目者，亦需加用「生三牲」，一副；「蓋以虎者野獸，其性不食熟故也」。（劉枝萬，1994：213）

（信徒本人）接受儀式的洗禮。故衣服在儀式中即代表受術者本人，又代表受術者接受儀式，通過關限牌來模擬象徵「過關渡限」，所以「受術者」的衣服在儀式中所扮演的巫術角色，即是結合了接觸巫術及模擬巫術的雙重巫術之綜合巫術的展現。

貳、祭祀紙料的意涵

一、代生人物：紙人或草人

代生人一詞最早出於 1935 年出土的，東漢時期的一個鎮墓盆〔註22〕。其義為當時以「人蔘」替代生人同葬並代受災央（承負、塚訟），而以「鉛人」替代死人同葬以隨葬鉛人代為服役，承擔生前所犯罪惡。

所謂代生人物，直接音譯就是「代替還活著的生人之象徵物品」，系指在宗教或儀式活動中，利用有人型或圖示人的模擬物，做為儀式中代表某個或某些人的替身，其用意就是通過這些模擬物替身來達到影響或作用於被替代者的目的。代生人物的運用在宗教，法術或巫的儀式中出現極早。中國社會科學院研究生院歷史系教授王育成研究認為，在考古資料中，「人形的濫觴及其做為一種宗教法術活動的具體用物，是在原始社會氏族部落時期發生的。」而從出土的代生人物，其形體、材質、種類、樣式繁多，有土偶、藥材、鉛人、石真、木質桃人、桐木人、柏人等，（王育成，1997：32～56）及台灣祭解儀式中較常見的紙人、草人等，王育成還近一步將之分為詛咒人形，以及代厄人形，前者目的為傷害人的媒介物，後者在代替人承受各種災禍。

而本篇論文中祭解儀式的代生人物，其主要功能即是代替受祭解之信徒承受各種災禍，亦是種白巫術的運用。而在台灣的道士圈卻有著另一段替身「代人」的傳說，據《封神演義》傳：「商紂年間，西岐樵子武吉，『挑著一擔

〔註22〕此盆四周有硃書文字 219 字，全文如下：「熹平二年十二月乙巳朔十六日庚申，天帝使者告張氏之家，三丘五墓、墓左墓右、中央墓主、家丞塚令、主家司令、魂門亭長、家中游徼等：敢告移丘丞墓柏、地下二千石、東塚侯、西家伯、地下擊植卿、耗裡伍長等：今日吉良，非用他故，但以死人張叔敬薄命蚤死，當來下歸丘墓。黃神生五嶽，主死人錄，召魂召魄，主死人籍。生人築高台，死人歸，深自埋。眉須以落，下為土灰。今故上復除之藥，欲令後世無有死者。上黨人參九枚，欲持代生人，鈆（鉛）人持代死人。黃豆瓜子，死人持給地下賦。立制牡厲，辟除土咎，欲令禍殃不行。傳到，約束地吏，勿複煩擾張氏之家。急急如律令。」資料來源：武漢大學簡帛研究中心，http://www.bsm.org.cn/show_article.php?id=2508，2020.5.20 下載。

柴往南門來，市井道窄，將柴換肩，不知塌了一頭，番轉尖擔，把軍門王相打死』。王軍門死後，文王令侍衛把武吉捉拿，畫地為牢，論罪抵命。東海許州術士姜子牙同情武吉慈母七十有餘，情切傷悲，恐子喪母亡，遂施予『替身術』（草人）解圍。果然，武吉逃過此劫。」後來替身術（草人）便在民間流傳起來，成為人們消災袪邪、祈求平安的法子，而「代人」替身也由此衍生而來。所以在三奶派的科儀本就有一段關於「替身」的經咒：「……自早姜太公做草人，替武吉，百日難，日後陳林李三奶教人糊紙做替身，替身是替身要買假不買真……。」

祭解儀式中另一個代生人物就是未能到現場求祭解者的衣物，因為病人曾穿過的衣服，被認為會殘留他的氣息，利用這樣的一個概念，穿過的衣服就相等於他自己本人在場〔註23〕，並認為為衣服消災解厄施以咒禁、解除術同樣具有，求得祭解神靈加持的效力。而代生人物在整個祭解儀式中佔有相當重要的成分，在祭解儀式第二段的祭送煞神儀式，若沒有紙人草人的代生人物的代受災映，模擬解除災厄，那儀式就如同是只做了一半。

二、天狗
（一）天狗的原型——流星

在文獻的爬梳裡關於「天狗」一詞的紀錄，有著多種不同的記載，最早是出現在被視為遠古神話傳說的《山海經》：「又西三百里，曰陰山。濁浴之水出焉，而南流於番澤。其中多文貝，有獸焉，曰天狗，其狀如狸而白首，其音如榴榴，可以御凶。」而此物是否真的存在呢?主要記述唐代到五代十國的宋代正史及實錄的《冊府元龜》卷971《外臣部・朝貢第四》記載：「天寶十載二月，寧遠國奉化王阿悉爛達干遣使獻馬二十二匹，及豹、天狗各一。」（王欽若，1960）可見在唐代時天狗是真實存在的動物。

而在史料裡記載關於天狗的紀錄多鑒於天文歷書及星占書籍中，例如：

〔註23〕戲曲劇目《打龍袍》為宋代故事戲。內容敘述包拯識出流落在外的李后；回京後，借元宵節，請仁宗觀燈於午門，並刻意演出雷殛張繼保的燈戲。仁宗問包拯，包拯答帝亦不孝，仁宗怒，以為謗己，欲斬之。宰相王延齡為包拯求免，請老太監陳琳說破當年狸貓換太子事。仁宗悟，立赦包拯，並親迎李后還朝，請罪。李后命包拯行罰，包拯乃脫仁宗龍袍，打袍以代。教育部重修國語辭典修訂本，http://dict.revised.moe.edu.tw/cbdic/index.html，2020.1.6 下載。而此段戲曲內容既是借宋仁宗的龍袍殘留有其之氣息，而將之視為代生人物，代受災央，此既是一種模擬巫術及接觸巫術的戲曲展現。

《史記・天官》：「天狗，狀如大奔星，有聲，其下止地，類狗。所墮及，望之如火光炎炎衝天。其下圓如數頃田處，上兌者則有黃色，千里破軍殺將。」、「其下圓如數頃田處，上兌者則有黃色，千里破軍殺將。」

南朝宋裴駰《史記集解》：「星有尾，旁有短彗，下有如狗形者，亦太白之精。」

《春秋緯》：「天狗如大奔星，有聲，望之如火，見則四方相射。」

《南齊書・天文志》：「壬辰，流星如三升器，白色，有光，從五車北出，行入紫宮，抵北極第一第二星而過，落空中，尾如連珠，仍有音響似雷。太史奏名曰『天狗』。」

《漢書》：「西北有三大星，如日狀，名曰天狗。天狗出則人相食。‧‧有星出，其狀赤白有光，即為天狗，其下小無足，所下國易政。」

《隋書》〈天文志〉亦載：「天狗狀如大奔星，色黃有聲，其止地類，狗所墜，望之妒，火光炎炎衝天。其上銳。其下圓，如數頃田處，或曰星有毛，旁有短慧，下有狗形或約出其狀赤白有光，下即為天狗。一曰流星有光。見人面墜無音。若有足者各曰天狗，其色白，其中黃黃如或狀，主候兵討賊。」

《元史・五行志》卷五十一，志第三上〈金不從革〉篇載：「至正十六年冬十一月，大名縣有有星如火，自東南流，尾如曳慧，墜落於地化為石，青黑光瑩，狀如狗頭，其段處類新割者，有司以進，太史驗視云，天狗也，命藏於庫。」

《河圖》記錄：「太白散為天狗。」

郭璞注《山海經・大荒西經》：「周書：『天狗所止地盡傾，燭天為流星，長數十丈，其疾如風，其聲如雷，其光如電。』吳楚七國反時犬，過梁國者是也。』」

《天文大象賦》：「野雞俟兵而據市，天狗吠盜而映漣。」

《甘氏中外官》：「外廚居柳下，天狗在廚邊，內平列軒側，燿星鬼上懸。」

《開元占經》：「……為妖星、慧孛、掃、天狗、枉矢、天槍、天、攙雲、格澤；山崩、地振、川竭、雨血，眾妖所出，天下大亂，……」

《北齊書・天文志》：「時有天狗下，乃於其所講武以厭之。有兔驚馬，帝墜而絕肋。」

《文獻通考》、《中興天文志》、《太白陰經》、《抱樸子內篇》等書籍中，都有提到天狗的名詞。天狗也是叢辰之名，乃月中凶神，古籍《協紀辨方》卷四引《樞要曆》：「天狗者，月中凶神也。其日忌禱祀鬼神，祈求福願。」，同書又引《曆例》：「天狗者，常居月建前二辰。」

　　從以上這些紀錄可推知古代將較大，並且會發出火光產生巨響，其形像有足者的「流星」稱為天狗。而在天文、星占與道教多把「天狗」列入流星、妖星、客星之類居多，亦即天狗星是吉少凶多之星。

（二）天狗訛言

　　劉泰廷在其《天狗：中國古代的訛言與恐慌》一文認為，人們對於「天狗」的恐慌，除因為天狗星墜落可能造成的人員傷亡及經濟損失外，另一個原因可能是發生在真實歷史上的謠言事件。（劉泰廷，2017.1：75～86）清朝的大才子洪亮吉，曾經編過一部《擬兩晉南北史樂府》，用樂府詩歌的形式，把紛亂的兩晉南北朝重大歷史事件寫了出來，其中有這麼幾句就寫到了唐朝時期的一段歷史：「建康城頭眾驚走，振振取人飼天狗。朝呼食肉宵呼肝，振振得人食始歡。」而此詩講述的就是幾則關於天狗的謠言：

　　《南史》：武帝天監十三年載：「夏六月，都下訛言有振振，取人肝肺及血，以天狗，百姓大懼，二旬而止。」

　　《玄宗本紀》天寶三年記載：「是歲都下訛言，天子取人肝以飼天狗，大小相警，日晚便閉門持仗，數月乃止。」

　　《舊唐書》載太宗貞觀十七年：「秋七月庚辰，京城訛言云：上遣振振取人心肝，以祠天狗。遞相驚悚。上遣使遍加宣諭，月餘乃止。」

　　《新唐書・五行志》記載此事更為詳細：「貞觀十七年七月，民訛言官遣振振殺人，以祭天狗。云其來也，身衣狗皮，鐵爪，每於暗中取人心肝而去。於是更相震怖，每夜驚擾，皆引弓劍自防，無兵器者剡竹為之，郊外不敢獨行。太宗惡之，令通夜開諸坊門，宣旨慰諭，月餘乃止。」

　　上述天狗的謠言事例中，雖然具體細節互有出入，但都造成了不同程度上的「集體記憶」（collective memory）所產生的集體恐慌意念。這提醒我們一個偶然造成巨大影響力的謠言，其背後往往具有堅實的社會基礎與歷史淵源。（劉泰廷，2017.1：75～86）如天寶二年的天狗謠言就發生在流星墜落後，而同時又發生了「天子取人肝以飼天狗」的謠言，加上天保年間外邦進貢的貢品有天狗一動物，這樣就更是很容易被認為謠言是「真實」的。如同法國學者卡普費雷的經典著作《謠言》中所指出的「謠言之所以令人尷尬就是因為它可能是真實的」。（卡普費雷，1992）

（三）天狗的禳解

　　天狗在古時常被視為是凶星，這原因應為天上落下之流星，因其有尾，

前頭又像狗頭，所以常被視為天狗災星，在傳說中只要遇此天狗災星，則易起兵劫，因此在道教儀式上，也衍變出許多祭天狗的科儀出來。自古一直都有禳星的傳統，其起源甚早。

《左傳・昭公二十六年》載：「齊有彗星，齊侯使禳之。」

《北史，魏本紀・孝武帝紀》云：「是歲二月，熒惑入南斗，眾星北流，群鼠浮河向鄴。梁武跣而下殿，以禳星變。」

《法苑珠林・六度篇》：「晉太元中，有妖星，帝普下諸國：有德沙門，精勤佛事，令齋懺悔攘災。猷乃祈誠冥感。至六日旦，見青衣小兒來悔過云：『橫勞法師，是夕星退。』」

謠言中對於天狗星的祭祀也屬於弭災祭禳儀式。而這段發生在道教信仰最鼎盛的唐朝時期，結合了本就有對流星事件發生時的禳星傳統，及令人民恐懼的天狗謠言，而民間本就將日蝕及月蝕現象視為是天狗食日或天狗食月，更是加深了人民對「天狗」的畏懼；加上民眾對天狗的無知及畏懼，很自然的也被民間宗教吸取運用，而發展出對天狗的祈禳儀式出來，而這點在道藏裡即可一窺，檢索線上道藏資料庫〔註24〕，即可發現，道藏內有高達 44 部經典藏冊內記載有有關於天狗的祈禳儀式、經咒或曆書。

所以對天狗的禳解信仰，可能產生於「集體記憶」（collective memory）所產生的集體恐慌意念，而隨著宗教、方士、術士甚至是巫的信仰，所延伸出來的叢辰五方、五形、生肖影響人民吉凶的俗信，加上天狗是十二太歲流年星耀，為神煞名，天狗在太歲信仰中又為凶星，俗稱犯天狗之年勿看日月食蝕否則易有損傷之患，加上民間的趨吉避凶心理，這種只要冒犯到天狗就會招致厄運，必須以祈禳來解除天狗煞（星）可能會造成的厄運，為祈安法功、為施福解神煞、以達歲入平安、身體健康、事事如意，民間對於祭解天狗煞（星）的習俗，就這樣代代相傳，一直存在民間的俗信禳解儀式中。在台灣的太歲信仰中認為流年沖犯天狗是不吉之兆，根據台灣坊間農民曆的記訴：「天狗，血光，吊客。天狗星入度，喪制之悲，不利遠行，騎車留意，宜改化吉，無改化凶多吉少，須事不意，多煩勞心，病痛之憂。」（黃啟東，2014）也因為農民曆在台灣深入民間的普遍性，也會影響到一般民眾，每到春節就會到寺廟祈求祭解以禳一年的平安順遂。

〔註24〕資料來源：〈道藏資料庫〉，http://www.xueheng.net/dz.html，2020.5.6 下載。

三、白虎

在中國人的世界裡，白虎能有許多不一樣的形象，在遠古的神話傳說中是四靈獸之一，在先秦星宿觀念中，白虎被視作西方七宿化成的神獸，四靈、四象之一，漢代五行學說興起，四象合於五行，西方白虎又多了象徵五行中金行的意義。（班固：2010）白虎還象徵著威武和軍隊，所以古代很多以白虎冠名的地方都與兵家之事有關，例如古代軍隊裡的白虎旗和兵符上的白虎像。也是祥瑞的象徵〔註25〕，直到現今中國華南地區的少數民族中彝族、白族、布依族、土家族等民族仍稱白虎是其祖先，（段超，2000.9）在道教將白虎視為東西南北四象〔註26〕中，庚辛金之卦主，而學過易經風水勘輿的人都知道，白虎在，前朱雀、後玄武、左青龍、右白虎四獸中是代表西方的神獸八卦四正卦的兌卦。白虎也為叢辰之名，在叢辰則為凶神災厄的形象：

《六壬大全‧卷一‧歲神煞》云：「太歲後四白虎是兇神。」

《奇門遁甲統宗大全‧玄機賦》云：「白虎喪訟小兒凶。犯白虎主哭泣、死亡、殺小兒。」

《協紀辨方書》曹震圭曰：「喪門者，太歲之轅門也，故常居歲前二辰，與「白虎」對衝，白虎主喪服之事，衝之故凶。」；「歲中掌符信之官文權之職也常居三合前辰故前辰為文官，後辰為武職。假令歲在寅，寅午戌為三合局則午有官符文權也，戌有白虎武職也，餘倣此。」

《人元秘樞經》曰：「白虎者，歲中凶神也，常居「歲後四辰」。所居之地犯之主有喪服之災，切宜慎之。」

《象吉通書》云：「白虎殺，一名陰府，又名陰中官符，犯之主陰私公事。」

白虎本是義獸，又為叢辰之名，之後由於歷史傳說的衍變，漸漸轉為凶

〔註25〕在以下史料中多有記載：《援神契》曰：「王者德至鳥獸，則白虎動。」；晉《中興徵祥》曰：「王者仁而不害，則白虎見。白虎者，仁獸也。虎而白色，縞身如雪，無雜毛，嘯則風興。昔召公化行陝西之國，白虎應焉。」；《宋書符瑞志》曰：「王者不暴虐，則白虎見而不害。」，《感精符》曰：「國之將興，白虎戲朝。」《括地像》曰：「聖王感期而興，則有白虎晨鳴，雷聲於四野。」
〔註26〕在正統道藏收錄的《混元八景真經》中，有著這樣的記載：「北方壬癸水，卦主坎，其像玄武，水神也。南方丙丁火，卦主離，其像朱雀，火神也。東方甲乙木，卦主震，其像青龍，木神也。西方庚辛金，卦主兌，其像白虎，金神也。此四象者，生成世界，長立乾坤，為天地之主，謂之四象。」；在《雲笈七籤》亦有記載：「夫四象者，乃青龍、白虎、朱雀、玄武也。」

煞之神。如在典籍文獻中《詩・召南・騶虞》云：「騶虞，義獸也。白虎黑文不食生物，以至信之德應之。」《史記・天官書》亦載：「參為白虎，下有三星曰罰為斬刈之事，故主兵。」（唐文治，1980：514、1305）在此白虎成了叢辰之名而主掌兵劫之災。到了明代則成為歲中之凶神，如《協紀辨方・義例一・白虎》云：「人元秘樞經曰：白虎者，歲中之凶神，常居歲後四辰。所居之地，犯之，主有喪服之災，宜慎之。」（允祿，1983）白虎從之前的神獸經過星宿神的轉化，漸漸衍義為歲中之凶神。白虎在民間對叢辰的信仰裡，一向是代表災星，武者。它主血光、病痛、武力、意外、惡人小人、權力、災難、口舌、是非之神等，因此民間俗信也就對白虎有著莫名的敬畏之感即驅避的心理。而在道教儀式中，漸漸也演變出祭祀白虎的科儀和所需，有別於一般祭神的特殊獻供品。根據台灣坊間農民曆的記訴：「白虎，天殺，地殺。白虎入宮為害，死傷人口，不利遠行，血光病難，外傷添丁進財，防破口帛女人有喜即吉，無喜則憂，此年中夜間宜制化白虎凶星吉利。」（黃啟東，2014）也因為農民曆在台灣深入民間的普遍性，也會影響到一般民眾，每到春節就會到寺廟祈求祭解以禳一年的平安順遂。

四、五鬼

五鬼是叢辰之名也叫五瘟，就是大家都熟知的瘟神。在天為五鬼星，在地就是五瘟神。五瘟神又可分為春夏秋冬五瘟，及東西南北中五瘟：

（一）春夏秋冬五瘟

此傳說在隋唐時期已經很具體了。元代成書明代略有增刪的《三教源流搜神大全》為五瘟神作傳。其中卷四《五瘟使者》記載了如下故事：

> 隋文帝開皇十一年（591）六月，有五力士出現在空中，距離地面有三至五丈，身披五種顏色的長袍，手中各執一物。其中一人手執杓子和罐子，一人手執皮袋和劍，一人手執扇子，一人手執錘子。一人手執火壺。隋文帝問太史張居仁：這是什麼神？主何災福？張居仁奏曰：「這是五方力士，在天上為『五鬼』，在地為五瘟，名曰五瘟（神）。春瘟張元伯，夏瘟劉元達，秋瘟趙公明，冬瘟鐘仕貴，總管中瘟史文業。如現之者，主國民有瘟疫之疾，此天行時病也。」〔註27〕

〔註27〕《萬曆續道藏》，道教文化中心資料庫：http://zh.daoinfo.org/w/index.php?title=Category:%E8%90%AC%E6%9B%86%E7%BA%8C%E9%81%93%E8%97%8F&variant=zh-tw，2019.12.5 下載。

（二）東西南北中五瘟

而另一五瘟神傳說收錄於《正統道藏》洞真部威儀類《正一瘟司辟毒神燈儀》中記載：「東方行瘟張使者，南方行瘟田使者，西方行瘟趙使者，北方行瘟史使者，中央行瘟鐘使者。」這裡已明確稱五瘟神為五瘟使者，其張姓、趙姓等又大體與後世五瘟相符，只是此處是按五方而不是按四季加總管中央為名，且南瘟姓田不姓劉，鐘、史二人又易位，故與後世不同。南宋天心派道士路時中《無上玄元三天玉堂大法》卷十三《斬瘟斷疫品》論述瘟神行瘟之由及制瘟之法，書中具體描述了「五瘟者為東方青瘟鬼劉元達，木之精，領萬鬼很行惡風之病；南方赤瘟鬼張元伯，火之精，領萬鬼行熱毒之病；西方白瘟鬼趙公明，金之精，領萬鬼行注氣之病；北方黑瘟鬼鐘仕季，水之精，領萬鬼行惡毒之病；中央黃瘟鬼史文業，土之精，領萬鬼行惡瘡癰腫。」

雖然五瘟可分為，春夏秋冬五瘟，及東西南北中五瘟，但其本意都是相同的都主瘟疫也可將之視為主犯「疫病」。宋代陳元靚的《歲時廣記》卷七引《歲時雜記》紀訴到，歲首是一年之首，自古就有飲屠蘇酒以除疫氣之風，稱祭日為元旦，曰：「元日四鼓祭五瘟之神〔註28〕，其器用酒食並席，祭訖，皆抑（遺）棄于牆外」〔註29〕。

（三）叢辰

五鬼也為叢辰之名，取象於鬼宿第五星為積屍之氣，故名五鬼。

《協紀辨方言・義例一・五鬼》卷三中記載：「曆例曰，子年在辰，逆行十二辰。曹震圭曰：辰與子水之精，丑與卯木之精，未與酉金之精，午與戌火之精，寅申巳亥土之精，謂王能育萬物，四孟為五行長生之辰也，故子年在辰，逆行自然相合也。」（允祿，1983）

《象吉通書》云：「五鬼主虛耗、失財、病患。」（魏明遠，2017）

《太平廣記》：「五鬼加年，天罡臨命，一生之大厄。」

〔註28〕五瘟使者中國古代民間信奉的司瘟疫之神。即：春瘟張元伯，夏瘟劉元達，秋瘟趙公明，冬瘟鐘仕貴，總管中瘟史文業。瘟疫，古人或單稱瘟、溫、或疫，是一種急性傳染病。在古代民智未開，醫療條件低劣的情況下，人們對這種可怕疾病，恐懼至極，很容易認為是鬼神作祟。因此乞求神靈保護，當是很早就出現的行為。

〔註29〕這個習俗道是像現今的祭送煞神的儀式，將祭祀完煞神的祭供品，於祭祀完後，因被視為被煞神時用後以為不潔或帶有煞氣，所以在祭拜結束後即將之丟棄。

《永樂大典：卷二萬一百九十七·諸家選日八十三》：「五鬼，容山人氏，姓韓，名虎。若人犯之斧井溢，戶裏作聲，暗燈發火忽暗，不祥之兆，禍患臨門大凶。鎮祭用財馬、香、酒、茶、果供養，五采各一尺二十，五色錢五貼各五分，右依此法於行年本方書神位祭之，大吉。」根據台灣坊間農民曆的記訴：「五鬼，官符，三台。五鬼占宮慎，浮沉不定，慎防小人暗害，此年勿管閒事，宜保守勿貪不義之財，防官符。宜制五鬼運財、官符；逢吉，無改時平地起風波。」（黃啟東，2014）

五鬼也是傳統四柱八字的神煞之一，也就是五鬼星。五鬼星陰氣極重，擾亂先天八字的福運，陰陽會出現不平衡，運勢走下坡遇小人。也就是人們常說的被瘟神找上門了，十分倒霉就是這個道理。犯了五鬼，運氣變得越來越差，而且身邊小人很多。五鬼還主破財、人口不安、疾病、死亡[註30]。根據以上資料，可以了解五鬼最早為指五方或五行之瘟疫，原就為不祥之煞星，後也為叢辰家及命理家、地理家所用，但不論是何專家所用，都是視五鬼為不祥之煞星，故而需要以祈禳之法解除其煞，或避禳厭勝之。

五、關限牌

「關煞」是指一個人在命中注定會碰到的關卡，在漢人的犯煞觀及凶星信仰觀下，認為遇到關煞時，運氣會比較不順遂，在某方面的行事要特別的小心。而所謂的「關」，指的是人的生命歷程中所過渡的階段，每一階段都要經過某種儀式，幫助個人順利的過渡、轉移，藉以到達另一個新的平衡關係。（李豐楙，1994：183）

而關限牌的意涵有二種，一種是以模擬巫術的原則思想，以紙製有古城樓意象的紙牌位，來象徵人生的關煞、關卡，將經過法師開光象徵已承受所有厄運，帶走所有污穢煞氣的代生人物（在祭解儀式中是指紙人或草人或生人穿過的衣物）穿過關限牌，來模擬象徵求祭解者，已經通過人生的種種厄運關卡、關煞，猶如柳暗花明又一村，度過了厄運也象徵「過關渡限」重獲新生。

另一種義涵說法是，這是「通過儀式」的象徵，有為過童子關，以小孩為主的法祭，這樣的關煞是根據對叢辰及凶星的信仰，以生辰八字，配合出生生肖「五行相生相剋」原理，所產生命中注定的各種關煞，據說影響小孩

[註30]〈五鬼星和官符星的查詢和化解方法〉，https://kknews.cc/zh-tw/astrology/gap8zol.html，2020.2.22 下載。

的童子關的煞神有三十六關、七十二煞之多，上百種關煞名，如四柱關、和尚關、夜啼關、直難關、百日關、水火關……等，四柱關就是忌坐椅轎車，和尚關為勿入僧寺廟見和尚，夜啼關為夜間不能有火，忌有火光，以免火災，直難關為小心刀刃類的器物，限制其接觸。古代雖然生育率很高，但小孩的養育卻非常不容易，尤其早期醫藥不發達，只要一生病就容易夭拆，而且也容易出意外，所以民間認為那是小孩撞到了關口、沖犯了煞神，於是便需要向法師祈求禳解的做法。〔註31〕

　　另一則是叢辰信仰下，按照太歲信仰的神煞系統，所製的 12 生肖流年吉凶圖表，這張 12 生肖的流年歲君圖又稱「春運圖」或「春牛圖」，也是現在宮廟為信徒判定祭解所犯神煞的主要依據。此表內神煞則是依「張果老駕前神煞歌」〔註32〕順數一年一宮，周而復始為基礎的流年神煞系統，所統計整合而得的一張統計表，筆者之所以稱為統計表，即是因為這張表基本上分為 12 宮位，各附於一個生肖，而流年神煞則是按照 12 地支順數，每年順數替換，但有時會因為各個版本所用的推算系統不同，使統計出來的各生肖所犯神煞會有所差異，而這樣的相關論述亦可在曆書、命理等相關的著作發現例如：《時憲書》、《選擇宗鏡》、《擇日天文學》、《總論駕前神煞》、《張果老星宗》等，都有提起相關的「關」、「煞」等星神。而這些神煞在道長唱誦「解送煞神」的經咒時也

〔註31〕在筆者的社會調查中，只有霞海城隍廟會直接在廟裡執行童子關的化解儀式，多數還是會跟道長另約時間，在私人宮壇舉行儀式。
〔註32〕欽定協紀辨方書卷九，三、四頁與古今圖書集成博物彙篇藝術典第五百六十八卷星命部第四六八冊十八頁果老星宗：「歲駕劍鋒伏屍寄，二為天空仍可畏，喪門地雌孝服來，四為貫索勾神慮，官符五鬼及飛符，死符小耗月德具，歲破大耗闌干並，八為暴敗天厄至，九是白虎即天雄，天德絞煞卷舌忌，十一吊客與天狗，十二病符蓋越位。」兩本書合併取太歲。取太陽。取喪門。取太陰。取五鬼。取死符。取歲破。取龍德。取白虎。取福德。取天狗。取病符。而其中太歲、歲駕、劍鋒、伏屍同宮取──太歲。天空、太陽同宮取──太陽。喪門、地雌、地喪、地獬同宮取──喪門。太陰、貫索、勾神同宮取──太陰。
五鬼、官符、飛符、年符同宮取──五鬼。
死符、小耗、月德同宮取──死符。
歲破、大耗、闌干同宮取──歲破。
龍德、暴敗、天厄同宮取──龍德。
白虎、天雄同宮取──白虎。
福德、天德、絞煞、卷舌同宮取──福德。
天狗、吊客同宮取──天狗。
病符、蓋越同宮取──病符。（黃啟東，2014）

可發現，其中內容包含了十二神煞，及各種災厄相關所延伸出來各式關限、關煞的口白式經咒：「一太歲、二太陽、三喪門、四太陰、五五鬼、六死符、七歲破、八龍德、九白虎、十福德十一天狗、十二病符、十三飛廉。有犯太歲關、天狗關、白虎關、五鬼關、官符關、空亡關、血光、車關、火水關、刀關、喪門弔客、歲破關限、生產關、小兒關。金神水煞、木神火煞、土神五方神煞。內外陰煞，凶神煞星、大小關限入命作災、大小災、天災地災……。」

以上二種因為叢辰信仰所產生的關煞、煞神、煞星及人生中可能遭遇的各種相關災厄，所延伸出來各式關限、關煞，都同樣能經法師施術，並以代生人物穿過關限牌，來模擬象徵求祭解者，已經通過了童子關、流年神煞或各種相關災厄，所延伸出來的種種關卡、關限、關煞等，象徵度過了童子關、流年神煞等的厄運，人生命運不再被這些象徵可能會發生災厄的種種關卡、厄運、病痛所影響。

六、討論

從文獻的整理，筆者認為祭解儀式所用的天狗、白虎、五鬼、關限牌等紙料，都跟漢人由命理星象學而延伸的叢辰信仰有關，天狗、白虎、五鬼在叢辰信仰裡都是不吉的煞神、煞星，而關限牌則是代表度過了厄運，也象徵「過關渡限」重獲新生的重要「通過儀式」〔註33〕的模擬象徵物，而代生人物的紙人或草人，則完全的被擬人化為專為「受祭解者」代受災殃，模擬解除災厄。儀式中所用的紙料，在法師以模擬巫術的演繹手法，讓信徒更易於儀式過程中認為致惡的煞神、煞星已經隨者法師的儀式流程，已獲得了滿足的祭祀品，並在儀式過程中不斷出現「允諾」的象徵性符號——「聖杯」，使得信徒原本驚惶失措、心神不寧的心境，透過儀式產生作用，由不安驚恐的狀態轉變成安定自在，誠如金澤在《宗教人類學導論》中所論述的：「宗教儀

〔註33〕荷蘭學者萬內普（Arnold、Van Gennep，1873～1957）於 1909 年提出「通過儀式」他認為：「人自出生通常都會經歷成年、結婚、死亡等儀式，並將之區分為分離（separation）、過渡（transition）、聚合（uncorporation）三階段，此三階段是從一種狀態過渡到另一狀態，從一宇宙世界過渡到另一宇宙世界，或社會階層的種種社會禮儀。第一階段「分離儀式」包括象徵性的行為，表示個體或群體離開先前在社會結構，或社會階層中的某個定點;第二階段「過渡儀式」清楚地將神聖的時空與世俗的時空劃分開來;第三階段「聚合儀式」代表受禮人回歸社會，也常展示種種新生或再生的象徵物。」（Turner, 1982；方永德等譯，1993：255～256）

式中的形體動作、場地設置、偶像法器等，都蘊涵著豐富的象徵意義。象徵的物體或形象，作為具象的東西，通常比單純的記憶與回憶有更大作用，它們往往被賦予力量、品德或靈力，從而使人們可以直接從它們身上獲得那來自超自然世界的滲透力量。象徵多少具有它所象徵之物的力量，有時象徵作為力量的傳達者甚至會被視為那種力量本身。」（金澤，2001：260）

第四節　供品觀的意涵

　　祭解儀式的供品，筆者承續前幾節的架構，將祭解儀式的供品分為「祭祀補運」及「祭送煞神」二個類別並配合科儀本的咒文，來講述相關供品在儀式中的意涵，現今在宮廟的祭解儀式所用的祭祀供品，多數都是由各自的廟方，朝向「統一化」、「標準化」來準備，所以信眾在到廟裡求祭解時，除了求祭解者的衣服外，並不需要特別準備什麼樣的供品，當然有些信徒會因個人的虔誠信仰，另外準備水果、餅乾、鮮花甚至是三牲及酒或茶水。

壹、祭祀補運：福圓及米糕

　　在日據時期，《民俗臺灣雜誌》一篇關於〈紅頭師公〉補運的報導有這麼一段敘述：「籃子裡面有米糕，是一種用糯米混些糖在碗裡面蒸熟，中央放一只蛋，蛋的周圍按照家族的人數排著龍眼乾，另外裡面還有若干疊金紙。商場不順和家內不安，都是家運不安所致，所以要補運以祈求平安……師公會用封旨打碎蛋殼及龍眼殼，把殼剝掉，嘴裡都唸唸有辭（脫殼脫離離，壽元食百二），意思是說要你活到一百廿歲，蛋是大家分吃一些，龍眼乾則是家族每人各吃一個。」（和田漠，1995）

　　從這篇文獻我們可以知道在早期求補運的信眾，會從自家帶來糯米混些糖蒸熟的甜米糕、中央放一只蛋，蛋的周圍按照家族的人數排著龍眼乾，請求師公〔註34〕為其施術補運，而這些用於補運儀式的米糕、水煮蛋〔註35〕、龍眼乾

〔註34〕在這段的敘述裡並沒有表明是在廟裡或師公的私人道壇，來為信徒施行補運的儀式。

〔註35〕筆者研判這應該是一顆熟的水煮蛋，且有可能會像我們現代將蛋染成紅色以求吉利。

等特殊供品，在文中已有講述其類模擬巫術的涵義，這些的特殊供品在現今有些已難看到，有些則還保留下來，這些可能的因素待文後將會再講述。

在筆者小的時候，每逢初一、十五會隨著筆者的奶奶到淡水清水祖師廟拜拜，有時會因為奶奶為請求家中人員平安順遂，或疾病得愈闔家健康等因由，而求助駐廟道士祭解，當時米糕已不再由家中帶來，而是由廟旁賣餅乾的小商店購得的，小小一個上面還會附一顆龍眼乾，不同的是當時奶奶會依當次求祭解的家人人數，買相應數量的米糕來祭拜，多數還會買綁著紅紙條的麵線一起拜，而當時不論是否參加祭解只要是在廟附近買的祭拜用金紙，都會附一小片紅紙包的糕仔，而在筆者的社會宗教調查過程中發現，現在不只沒了拜蛋的習俗，米糕、糕仔也幾乎消失〔註36〕了，還好吃龍眼乾的習俗尚有保留下來，而米糕的地位則由較好保存的餅乾所取代了。

早期舉行「祭祀補運」法事時，廟方多會建議須準備米糕和帶殼的桂圓乾（龍眼乾），有些廟也會建議帶麵線來到廟裡祭拜。在社調過程中訪談台北行天宮附近販賣米糕、桂圓、麵線的店家人員表示，這個米糕是為了，向神明祈求補運的平安米糕，用糯米做的，上面放一顆龍眼，糯米有黏性，代表步步高昇及家庭團結、圓滿的涵義，而放在供桌上時，米糕代表「發」，有增強生命力，象徵補命、補運之意；龍眼閩南語是「福圓」、「福肉」，龍眼米糕則代表消災補運。而這樣的組合讓信徒認為，米糕就同神明所賜予的祝福及「類醫藥」，認為吃了就能保平安，疾病得醫治，許多人會在廟裡就把福圓殼剝掉，而福圓的脫殼象徵儀式，猶如脫去壞運象徵退去霉運，除舊布新、否極泰來，得以新生之意，認為如此可將壞運剝掉，並吃下龍眼乾的「福肉」象徵「增福」；也有人會買全家份，拜完再給全家人吃，認為這就能沾沾廟裡的吉祥之氣，以祈有「類福胙」〔註37〕的效果與涵義。

〔註36〕社會宗教調查過程中發現，行天宮在 2014 年 8 月 26 日配合政府「減香」的政策前，民眾到行天宮求祭解或拜拜時，都還保留有買米糕祭拜的習俗，所以附近有多家店家在製作販售米糕，但在配合「減香政策」後不只撤了香爐、金爐，連帶也撤了拜拜用的供桌，使這項當時人們到行天宮拜拜必買的米糕文化，也跟著徹供桌而消失，現今只剩下少數店家有少量製作，來販售給到廟的信徒當點心、吃回憶了。附帶一提，針對行天宮減香後是否有影響到香客的人數，筆者在訪談了附近 8 家商家後，他們都說香客有逐年減少的現象，現在的香客數約是減香前的 6～7 成而已，連帶也影響附近的商圈生意。

〔註37〕《說文解字》提到：「胙，祭福肉也。」簡而言之，胙肉就是祭祀過神靈祖先的肉，富含神靈祖宗的庇佑與福氣；祭祀補運所用之祭品雖然不是肉類，但

在儀式前半段的「祭祀補運」之祭解儀式，讓接受祭解施術者及其家人，心靈上認為在經由法師請神、施咒、祈福、消災後，已得到了神明的加持與護佑，而米糕就同神明所賜予的祝福及「類醫藥」，認為吃了就能保平安，疾病得醫治，而龍眼乾的脫殼象徵儀式猶如脫去壞運，得以新生，所以有經驗的法師會教導信眾，在剝去龍眼殼時能以自我祝禱方式唸：「脫殼脫離離，壽元食百二或好運來，壞運去，事事都如意。」讓信眾感受到去霉運，除舊布新、否極泰來之感，有如已獲神靈加持，自此後一切將一帆風順的類宗教醫療的心靈安慰劑。宋代藥學家蘇頌在《本草圖經》裡說：「龍眼甘平無毒，立治五臟邪氣，安志壓食，久服強魄聰明，輕身不老。」《神農本草經》的原文記載是「久服強魂、聰明、強身不老，通神明。一名益智。」明朝李時珍在《本草綱目》寫道：「龍眼味甘，開胃健脾，補虛益智」。又讚：「食以荔枝為貴，而滋以龍眼為良」。《得配本草》認為：「桂圓益脾胃，保心血，潤五臟，治怔忡」。

所以從以上醫書瞭解吃龍眼乾，在早期物資缺乏的年代，不只是心靈祈福的心靈安慰劑，尤其是他的某些食療效果，如早期物資不如現今多元，小孩易厭食，甜甜的米糕易為小孩喜愛，加上福圓有開胃健脾，安志壓食之效，食後有助改善食慾，尤其是病人，因病痛而易胃口不佳，在此時不論大人或小孩，告訴他這是經法師神靈加持過的祭品「福胙」，相信對早期多數的病人定能起到一定程度的心靈安慰劑作用，加上福圓的食療效果，更有助病人的狀況，所以其實更像是藉由宗教的儀式，來行食療之效，來輔助達到「咒禁術」效果。

現今社會雖然已不再物資缺乏，更多的是美味的各種美食，但信徒認為準備的食物祭品一但放上供桌，展開一連串的祭祀活動之後，神享用過的食物，霑上神佛的法力，同時也是被賜福的，脫胎換骨成了允諾平安的象徵物，由有形的祭品得到無形的平安慰藉。經歷一連串的科儀，得到神的保證，被賦予意圖的祭品，除了完成獻禮的任務，（王麗菡，2013：30）更是信徒祭祀後的「福胙」，是經過祈禳由神靈賜福庇佑與降吉，相信對本就是在生活上遇到困擾，而祈以祭解求解除的信徒而言，亦是一帖最好的類心靈安慰劑。

貳、解送煞神：小三牲

祭解儀式後半段的解送煞神的祭品，在社會宗教調查過程中，訪談到幾位

其一樣富含神靈的庇佑與福氣的意思，在虔誠的信徒心裡，有時反而是最好的心靈安慰劑。

有祭解經驗的道長，他們表示早期的小三牲會由信徒自己準備，多數還會準備一杯酒或茶，有些「卡功夫一點」〔註38〕的信徒，還會多準備幾碗「菜碗」〔註39〕。儀式一開始是以先禮後兵式，以小三牲做為祭祀品，請來到天狗、白虎、五鬼等各方煞神、煞星、命書中的關限，經一段如先行賄賂煞神、煞星來享用祭品並領受所燒化的紙錢的「模擬巫術」後，以近乎「拿人的手短，與人消災」的概念，送走煞神，再以替身草人或紙人，來替代受祭解者，承受災殃解除穢氣，然後將替身送走，並隨煞神一起遠送出外方。所以這段儀式的祭品也完全的異於一般我們在祭祀神靈或祖先所熟知的半生熟或全熟的三牲、水果、餅乾等為祭品的概念，而是以生豬肉、豆干、蛋，三樣為祭品，拼湊為小三牲做為主要祭品，早期還會再備有酒或茶水，不過社調過程中，發現現在很多的宮廟，在祭解時為了求方便，有許多已改使用罐頭、泡麵、餅干等方便性的食品代替。但先不論現代速食文化下產生的變形，傳統使用小三牲是有其含意的，我們從一段口白式的《祭送天狗白虎科儀》的經咒即可瞭解到其涵義：

> 一聲靈咒鬧猜猜，天狗、白虎星君下壇來，二聲靈咒鬧紛紛，五方天狗、白虎星君結成群，三聲靈咒在人間，天狗、白虎星君落壇來……今日祭送你，請你到壇來，時時召請隨時到，請來壇前食三牲，吩咐天狗白虎星君，你就聽，食人牲禮替人改罪，得人錢財替人消災，受改祭人，今日有事來祭送，有耳你就聽，有腳你就行，若是受改祭人弟子，有事你就改，有沖有犯你就退，身中有病運途不順，你就替，替過過，身體隨時好離離，行走東西南北無禁無忌，路頭相保庇，路尾要扶持，庇佑陽間弟子，身中有災厄、有沖、有犯，隨時好離離，食得醉，送你過別位，送狗歸天山行，歸在山頭嶺尾去，千年萬載不相見……五送天狗白虎走離離千年萬載不回頭。乾元亨利貞·急急如律令！〔註40〕

〔註38〕意思是虔誠的信徒或指準備較多的供品。

〔註39〕所謂的菜碗，又稱「五味碗」或「便菜飯」、「飯菜」，即一般家常菜餚，用來祭祀祖先和地基主、好兄弟等，並不會特別講究烹調方式和味道，而在送煞時的菜碗數量不定，也不多，多數以單數碗為主。

〔註40〕〈祭送天狗白虎科儀〉，https://blog.xuite.net/sun.fate/twblog/113661437-%E7%A5%AD%E9%80%81%E5%A4%A9%E7%8B%97%E7%99%BD%E8%99%8E%E7%A7%91%E5%84%80，2020.4.2 下載。

　　在祭解儀式中，施術者會將代表煞神的五鬼、天狗、白虎紙牌，在經過法師開光召請煞神後，將五鬼、天狗、白虎，完全擬人化。在科儀本中有一段：「白虎天狗請爾壇前來食肉，有災有厄擔擔退退，退到大甲。食肉皮走西螺，食鴨蛋走遠遠，食豆干到唐山，食糕仔有花字，凶神惡煞走離離，食茶湯遠遠……」〔註41〕。而法師會在唱誦這段祭解文時，將這些代表五鬼、天狗、白虎的紙牌拿起，依序模擬餵食〔註42〕，就像這些煞神真的已吃到了，信眾所提供的生肉、蛋、豆干（小三牲）、糕餅、茶水等，並同時以似是告誡的語調，告訴這些煞神，吃了信眾所提供的供品，就該遠離授祭解者，並將未來可能災厄承擔，隨祭解儀式的「祭送煞神」儀式後一起承擔帶走，而這些祭煞後的小三牲等祭品，也被認為是已被五鬼、天狗、白虎所食用過並帶有祭解後轉移的煞氣，所以信眾是不會帶走的，而是由廟方或法師代為處理。

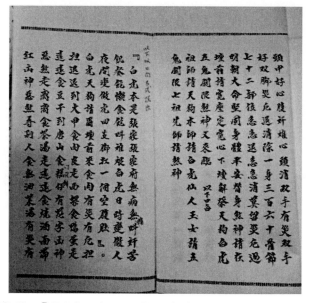

　　在儀式後半段，「祭送五鬼、天狗、白虎、替身等煞星、煞神」小三牲除作為祭拜的祭祀品外，還有一段很重要的，請煞星、煞神享食祭品的模擬巫術（imitative magic）之表徵及演譯含意。而這樣的一個儀式過程，先不論此儀式是否真能得到實際的祈福、除煞、醫療的效用，但對受祭解施術者及其家人的內心，引起了，「心理安慰劑」的作用，儀式過程的「讓煞神，吃蛋走

〔註41〕本《太上正一保運祭送收驚全部》、《祭解天狗白虎五鬼煞神關限全部》科儀本影本，是由蘆洲顯妙壇朱傳斌道長手抄，北部正一劉厝派道士朱堃燦道長所提供。
〔註42〕一種模擬巫術（imitative magic）的表徵及演譯方式。

遠，吃豆干走唐山，吃肉走大甲」這種寓意讓煞神走遠，而得以遠離災禍的口白式儀式經咒，就能讓受術者得到安心、放心的作用。誠如人類學家馬凌諾夫斯基所言：「巫術的功能是使人的樂觀成為儀式化，增強自信能以希望戰勝恐懼。」（馬凌諾夫斯基，2003：67）

參、討論

現在多數有祭解儀式的宮廟，就如前言，所用的供品，多數已由各自的廟方，朝向「統一化」、「標準化」來準備，也因為這樣的因素祭送煞神的供品也有了改變，有些宮廟已不再準備以豬肉、蛋、豆干為組合的小三牲了，取而代之的換成了如本文所調查的關渡宮、法主宮、慈聖宮都換成了餅乾代替，在訪調的過程中也發現新莊地藏庵，則是改以肉醬罐頭、零食豆干、鹹鴨蛋來取代原先的小三牲，李豐楙曾把祭解供品拿來分析，認為用小三牲將之放於地上，在午後祭拜凶神惡煞，象徵以簡單的生肉在地上祭拜小神，於下午陰氣漸長時，適合將煞神送出。完全異於傳統祭拜大神、祖先的三牲或全豬、全羊與全牛之禮。（李豐楙，1996 年：211～238）張家麟認為用小三牲置於地上祭解神煞，只是部分道長的祭解個案；殊不知，當他深入觀察六個宮廟的祭解，可以發現小三牲只是其中一類的供品；不少宮廟已經用餅乾、科學麵取代小三牲。這種作為，完全無視用小三牲祭祀凶神惡煞、小神的解釋。（張家麟，2017）筆者則認為，這樣的改變已經完全失去了，祭解儀式中解送煞神其中，類模擬巫術的原始效果。

第五節　紙錢的意涵

壹、起源

紙錢的起源，學者張捷夫認為是中國在夏商時期之前，當時的人們就已經有人死後會到另一個世界的觀念（靈魂不滅），因此會將死者較為貴重的金玉、銅器、錢幣與生活必須品等作為陪葬品，以便亡者可在另一個世界使用的觀念。而陳瑞隆也在其所編著的《臺灣喪葬禮俗源由》中，亦溯源探討到中國喪葬之歷史，認為使用金銀紙錢之觀點亦是從隨葬物而來。（陳瑞隆，1999：4）

在秦朝以前富貴人家死後所使用之陪葬品，多為使用金屬、寶玉禮器以及珠寶人畜等實品，直到漢朝才改以使用銅錢以及陶製之人畜為隨葬品。在

新疆出土的一座初唐時期的古墓中，就發現有用紙剪成一串的紙錢，即可作證明，初唐開始已出現了以剪紙，來替代束帛的紙錢。（陳啟新，1994：32）另外在台灣之前對紙錢的相關研究，多數都是以涂順從的《南瀛產業誌》裡所描寫的故事為主，也就是蔡倫〔註43〕、李淵〔註44〕與李世民〔註45〕的故事。而台灣民俗相關期刊上，則大都偏重在蔡倫的故事上，如巫添福在《民俗臺灣》第三輯的〈金紙、銀紙〉中，談到蔡倫為了將滯銷的紙賣出而詐死的故事，（巫添福，1990：115～118）而由鄭志明教授所主編的《文化臺灣》卷一中，在〈紙錢〉的篇幅部分亦是描寫蔡倫與妻串通的故事，（鄭志明，1986：52～54）其內容與上述大同小異。至於李世民的故事則是從西遊記的內容所衍生出來。另外日據時期，鈴木清一郎的《增訂臺灣舊慣習俗信仰》（鈴木清一郎，2000：51～52）與陳壬癸在《臺灣文獻》〈談臺灣民俗──燒金銀紙〉，也大都依據這幾個版本的傳說故事來論述紙錢的起源。而燒金銀紙的由來，最早乃起源於祖先崇拜的習俗，此習俗學者根據史料的研判應該開始於魏晉南北朝。（陳啟新，1995年：31～32）而在早期古籍史料中也只有陰錢、冥錢

〔註43〕相傳東漢蔡倫當初將紙造成之時，並無人問津，因為當時之人使用竹簡的習慣尚無法改變，所以使得紙張滯銷。蔡倫為了將自己製造的紙張賣出，於是與妻合演了一場回魂記。蔡倫先是詐死躺於棺木中，其妻則是在旁不斷地燒化蔡倫所造的紙，而來吊祭的親友與鄰居則是對於此燒紙的行為感到疑惑，蔡妻則告訴眾人燒此紙可賄賂冥吏，使其還魂，過了幾天之後，蔡倫果然復活，並說明在陰間時，因其妻所焚之紙可讓陰間獄卒與冥吏在陰間使用，所以就放其回陽。眾人十分驚訝，因此相信燒紙可累積功德、延長壽命，於是成功地將紙賣出。（陳壬癸，1981：160）

〔註44〕相傳唐高祖李淵，於隋末時，趁全國陷於動亂之中，於是起兵政變，等到得到天下後，因久未還鄉，於是便返鄉尋親，回到故鄉後，才知其母已經亡故。於是想要尋找其母親的墳墓，但因戰亂之故，廣大的墓園，多無刻名之墓，而此時李淵便上香祈禱，希望母親在天若有知的話，能夠享用自己所帶來的紙錢，於是將紙錢置於每座墓上，沒想到，不久之後竟然真有一座墓的紙錢消失無蹤，因此認定此乃為李淵母親之墓。（陳壬癸，1981：160）

〔註45〕此故事乃是從吳承恩之《西遊記》第十回〈二將軍宮門鎮鬼，唐太宗地府還魂〉與第十一回〈遊地府太宗還魂，進瓜果劉全續配〉之故事衍伸而來。唐太宗貞觀十三年，唐太宗宰相魏徵夢中監斬龍王，龍王認為太宗不守信用，於是下地府控告唐太宗，太宗因此靈魂出竅遊至地府。當他行至枉死城時，遇到昔日戰亂時被他所殺或為國捐軀的孤魂前來要求施捨。此時太宗身無分文，幸虧崔判官指點他說：河南開封府有一位大善人，名叫林良，平常樂善好施，濟貧助僧，積了許多陰德，受其恩惠之僧侶以其名彙焚燒紙箔，因此儲存在陰府相當多的冥錢，於是太宗便立下借據，先向陰司兌借金銀一庫房，分發眾孤魂冤鬼，於是太宗才得以還魂。請參閱（吳承恩，1983：80～94）

以及楮錢的記載，並無金銀紙的說法，所以依此推測紙錢的起源應早於金銀紙。不過在歷代的傳說中，從東漢蔡倫造紙後，就有一系列不同版本，但內容大同小異的傳說出現。（賴宗煒，2007）

　　「紙錢」的使用一直是漢人祭祀文化中非常獨特的部份，而民間宗教及道教之文化完全承襲自原鄉的信仰文化，及其主神崇拜。而在紙錢的使用上，不管是酬神、祭祖，或是道教的法事科儀，都沿承著先人的經驗與智慧，有著濃厚的飲水思源的意義，以及漢人獨特的宇宙觀與生命觀的內涵。雖然台灣到了日據時期，皇民化運動對台灣傳統民俗極盡打壓，嚴禁禮拜道教神祇，停止紙錢的焚燒也成了其中的一個項目。紙錢製造業者陳坤輝轉述父親與祖父的遭遇：「日本政府當年的做法，從原物料下手，不罰燒金紙的民眾，只罰製造的人。」〔註46〕日據政府規定，只要有人舉報，就可以直接扣押製造金紙的人二十九天，不需上繳任何報告，被舉報三次，就要被送進法院。但還是有許多人不顧危險，私下製造販賣，因為人們認為如果不燒紙錢，祖先在陰間就沒有錢可以用、沒有衣服可穿，所以在當時還是有人在燒紙錢。

貳、種類與用途

　　台灣傳統紙錢基本上分為「金紙」「銀紙」和「小紙」三種。將粗紙貼上錫箔再塗刷金藥或黏上金箔的稱為「金紙」，是燒給神明或作為祈福之用。只裱錫箔不塗金藥紙面也不蓋印的稱為「銀紙」，而「銀紙」分大銀、小銀兩種，大銀獻給祖先，小銀是燒給鬼魂、煞神或較低階的靈體的。金紙相較於銀紙在台灣的信仰裡認為更為高階，大部分金紙只可以燒給神明。但台灣有些地區民間信仰認為，若將祖先視為神明，或者生前為高官顯爵者，則可使用之（例如族譜、宗祠、牌位上記載曾任高官，或者有爵位的）。其實亦有少數金紙可以燒給祖先（例如刈金、九金等），不過，過世未滿三年的死者依慣例只能使用銀類紙錢。另有一類稱為紙錢或小紙，其形式較為多樣，多數是為了特定目的所使用的如南部的道士、法師在行祭解或小兒關煞時就會加用特定的小紙例如：天狗錢、買命錢、本命錢、陰陽錢、十二元神、甲馬、雲馬、改連經、經衣等數十種，且會因為在不同的地區買或使用，而有不同的名稱甚至是相同名稱，但卻是完全不同的圖案及樣式或顏色差異，屬不特定用法的紙帛。

〔註46〕詳參《日治時期流傳至今的百年金紙行！手工打造的台灣鬼神金庫》網路媒體風傳媒 https://www.storm.mg/lifestyle/182692。

表 4-1 紙錢類別與意涵

名　稱	特　徵	對　象	用　途
金紙類	錫箔漆金藥成金黃色，正面或側邊蓋有紅印。	天地、神佛、祖靈	祭祀、奉獻、祈福求平安
銀紙類	沒漆金藥，保留錫箔原本的銀色外觀。	祖靈、陰界、陰靈	祭祀、奉獻、求平安
小錢類	不一定有錫箔，是以圖案印文來是別用途。	天、地、人間的諸神靈（法師指派用）	祭改儀式、趨吉避凶

資料來源引自《金銀紙的秘密》（張益銘，2006）

參、祭祀補運

　　本研究所調查的宮廟，在「祭祀補運」時所使用的紙錢，大多是類似的，這應該跟地區性有關，在台灣北部祭拜神明的金紙大致上不離：大百壽金、壽金、刈金、土地公金（又稱福金），這樣的組合又稱四式金或四色金，有些宮廟還會加上金、白錢、改連真經（或稱本命錢、補運錢）：

表 4-2 祭祀補運所用紙錢之樣式、名稱、說明及民間信仰用途表

樣　式	名　稱（俗稱、別名）	樣式說明及民間信仰用途
	大百壽金（大百金、太極壽金、太極金、大財子壽金、大財子金、足百壽金）	加大版本的壽金，面積大如書卷，繪有財子壽三仙，上書「祈求平安」字樣。祭拜玉皇上帝、三官大帝。
	壽金	繪有財子壽三仙，上書「祈求平安」字樣。祭祀一般神明、祈求許願時。

	福金（土地公金）	面積不大，上貼一金箔，無圖樣。 祭祀福德正神、諸神、或較低階神明等
	刈金（卦金）	款式一如福金，面積較大。上無花紋，貼一金箔。 祭祀一般神明、祖先、地基主、拜門口好兄弟等。
	刈金（左）與福金（右）的比較	二者形式類式只差在此尺寸不一樣而已
	四色金或四式金	壽金、刈金、福金、大百壽金的合稱。
	金、白錢	有黃色和白（土灰）色兩種為一組，素面上有兩道鋸齒紋（現在有些地區已沒有兩道鋸齒紋）。 主要是拿來祭拜有地位的陰神，如虎爺、五營兵將、冥府差人（范謝將軍、牛馬將軍等）等，廟會若有八家將或官將首等陰神陣頭時，常會在路上灑金白錢，象徵以供道路鬼神花用。
	改連真經（或稱本命錢、補運錢）	印有「改運真經」及「陰陽本命」錢的黃底紅字。 凡運途不佳者，用於祭祀城隍爺、大眾爺、諸府王爺、諸神等消災改禍所用。

肆、解送煞神

本研究所調查的宮廟，在「解送煞神」時所使用的紙錢，相較於南部或其他宮廟顯得較為簡單，在早期的祭解儀式中在送煞神時，多會有祭解用的小紙，例如筆者在社會宗教調查過程中，在新莊地藏庵就觀察到，此廟因為祭解儀式所用的紙料、紙錢、天狗、白虎、五鬼、關限牌、替身、小紙等，都不是廟方統一採購準備的，而是由信徒自行到廟外的多家金紙店自己選擇、自行購買，所以每個信徒所購買到的祭祀用金銀紙等就會有所差異，除基本的天狗、白虎、五鬼、關限牌、替身、金銀紙外，這裡的金紙店還會為求祭解者，因為流年所犯不同之流年煞星或關厄，而加入早期傳統祭解會用到的小紙，例如筆者就記錄到有：天狗錢、白虎錢、病符錢、改年經、車厄錢等，且在此廟「金白錢」及象徵燒化給兵將的「甲馬」並不是用於祭祀補運來燒化給神明的，而是用在「解送煞神」時燒化給煞神的，筆者推測或許跟此廟在行「解送煞神」儀式時，是在「文武大眾爺神殿」前解送有相關系，因為一般台灣民俗的信仰，大眾爺是屬於陰神，而新莊地藏庵的文武大眾爺又被賦予了，類似陰間警察的司法神的神格，所以民間自然認為這些可能為厄的煞神，自然會被文武大眾爺所收服，為大眾爺的陰兵陰將所驅離，所以將象徵燒化給兵將的金白錢及甲馬，就隨著解送煞神所用的紙料、紙錢、小紙等一起燒化。而行「解送煞神」所祭祀的天狗、白虎、五鬼、關限牌、替身、紙錢等，在開光煞神並祭送完煞神後，這些祭祀品包含祭拜的供品，都被認為是附帶有煞氣，是不乾淨的，所以這些的祭祀紙料及紙錢將由廟方統一為信徒燒化。

表 4-3 解送煞神所用紙錢之樣式、名稱、說明及民間信仰用途表

樣　式	名　稱（俗稱、別名）	樣式說明及民間信仰用途
	刈金（卦金）	款式一如福金，面積較大。上無花紋，貼一金箔。 祭祀一般神明、祖先、地基主、拜門口好兄弟等。
	大銀	黃紙，上貼一銀箔。類似刈金大小，但上貼銀箔。 祭祀祖先、喪葬、陰鬼。
	小銀	上貼一銀箔款式一如大銀，面積較小。 用於普度、祭拜眾鬼時
	經衣、巾衣、更衣	印有墨色的男女衣服、靴子、梳子、剪刀、扇子等器具。 凡拜門口祭祀好兄弟（鬼）、或地基主時用，民俗意涵有為讓好兄弟（鬼）梳洗用。

伍、討論

　　紙錢在祭解儀式中佔有跟祭品同等重要的地位，在儀式中二段不同的法術內容，各有所用不同的紙錢及涵義，「祭祀補運」的紙錢是感謝神明庇佑加持補運，充滿答謝感恩的深遠意涵；另一份「解送煞神」的紙錢，就同科儀本經文的內容：「……茲因（某某）日內，身體欠安，命裡沖犯（煞神、關煞或祈禳解除災厄之事由）入命做災，壇前領人錢財，為人消災……。」〔註47〕

<hr>

〔註47〕本《太上正一保運祭送收驚全部、《祭解天狗白虎五鬼煞神關限全部》科儀本影本，是由蘆洲顯妙壇朱傳道長斌手抄，北部正一劉厝派道士朱堃燦道長所提供。

是為解送煞神，使煞神有種功利主義，所衍生出來的一種，拿人手短與人消災的類似「賄賂行為」，而對信徒而言就同是花錢消災，以求煞神遠離不再為惡之意，使受祭解之信徒達到消災解厄的效果。

先不論燒化紙錢神靈或鬼邪煞神是否真能領受到，但對於一般民眾而言，金銀紙錢只是獻祭物或祭品的一種，但若從較為深層的宗教觀點來分析，則更有其特殊的深層象徵，有些學者認為，漢人對於神靈的崇拜及鬼、煞的畏懼，而產生的焚燒金銀紙錢的行為，是屬於民間功利主義所衍生出來的一種「賄賂行為」〔註48〕，另外亦有學者從人類學的角度來探討「燒金」（焚化金銀紙錢）這種行為乃是一種「互相贈與」的行為，是一種情感與訊息的溝通，而不應將其視為「賄賂」，李國銘則認為漢人乃是透過種類複雜的紙錢來傳達內心所無法表達的情感，而達到與神明交流的目的。（李國銘，1998.3：94）此一論點筆者深表認同，尤其是早期因為醫療與科技的限制，對於疾病與天災都無法預知而避免，人們認為道士透過祈禳的儀式可以將人們的災厄化解，一方面透過法師的施術，完成驅邪禳災的工作，讓求祭解的信徒重新得到新的生活秩序、解除求術者自身的生存危機，而紙錢在祭解儀式中之使用，對於信徒而言，既是藉著這些紙錢的燒化，一方面感謝神靈的庇佑加持補運，另一方面也是想藉著儀式中賄賂煞神，以祈禳煞神遠離，嘗試對其自身因對鬼煞所引起的恐懼心理，導致內心不安的不平衡身心狀態，能獲得調適與舒解，間接使人與鬼、煞之間的不平衡關係，能獲得一種和諧的轉移也安撫了來自內心莫名的恐懼心理。尤其是老一輩的長輩，都會有種認為祭拜神靈或祖先，甚至是田間的土地公、家戶的地基主，如果在祭拜的過程中沒有燒一些紙錢就好像是沒有表達到誠意，尤其是在遇到災厄病痛過後，更是會認為是神明有保佑，或期間許願為謝神還願，而會燒化更多的紙錢來表達誠意以作為感恩神靈之情，而就信徒而言這只是花少少的錢來買紙錢表示誠意，不拜不燒反而覺得是「得人恩情未與回報的愧疚感」，因此就須以祭祀還願的方式來表達感恩之情，而這樣燒紙錢的行為能讓信徒因此感到安心，心靈得以平復，感到完成了一項心願，放下了心中一塊礙心思的石頭，心靈獲得調適與舒解，這對虔誠的信徒而言不正也是一種安慰心靈的「心理安慰劑」。

〔註48〕施晶琳提到：「根據董芳苑《探討臺灣民間信仰》一書中，他認為臺灣民間善信赴廟便要『燒金』（焚化金紙）也可以說是從臺灣社會的『紅包文化』的由來。」（施晶琳，2005：14）

第五章 台北地區宮廟祭解個案

本研究選擇大台北地區台北府城隍廟、霞海城隍廟、台北關渡宮、台北大龍峒保安宮、台北大稻埕慈聖宮、台北法主公廟為調查對象。在本章將各宮廟祭解個案分章陳述。

第一節 台北府城隍廟祭解

壹、地理位置

台北府城隍廟舊稱「昭明廟」，是位於松山區慈祐里的城隍廟，臨進饒河觀光夜市與松山車站，有基隆河流過，再往北走則為內湖行政區；在廟宇的東南方為五分埔商圈；往西北方約 2 公里，則為台北市政府行政中心及商業鬧區。

圖 5-1 台北府城隍廟地理位置圖

貳、祭解空間

　　台北府城隍廟的祭解空間分為兩處，現場由多位道長〔註1〕輪流為民眾服務，並於儀式中分段由不同的道長為民眾服務。先在大殿城隍爺神龕前的供桌，作第一階段的「祭祀補運」，待祭送完補運「疏文」並已擲得聖杯的信徒，可先拿著疏文到殿外，由另一位道長為其施術「解送煞神」，最後由道長誦經咒引導，帶領信眾到廟埕天公爐前一拜，再回到解送煞神的桌前，進行「過關」儀式。

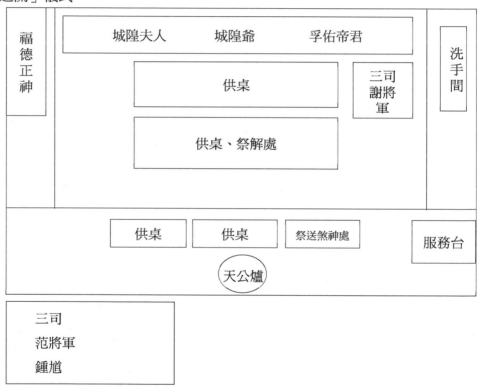

圖 5-2 台北府城隍廟祭解空間配置圖

參、流程

一、準備

　　報名在廟主殿外左側廟方服務台外，有 2 至 3 位穿著道服頭帶道帽的服務人員會為信徒報名，參與的信眾帶著家人生辰八字等資料報名。

〔註1〕社會宗教的 3 次觀察紀錄，平均每次約有 8 至 10 名，身穿著道服腳綁綁腿的道長及服務人員在現場為民眾服務

服務人員會為信眾填寫資料於疏文上，除流年關煞外，如果有其他特別求祭解的項目服務人員會特別註明於疏文上；並為信眾備妥解送煞神的小三牲：鴨蛋、豬肉和豆干以圓形紅色塑膠盤裝，及整組的關限牌紙料、紙錢放置於正殿外朝外的供桌上；另會有一份祭祀補運用的麵線、福圓和紙錢，直接由服務人員放置於正殿外中間的供桌上，待場次時間到，會由道長帶領信眾祭解。

二、祭祀補運

儀式於一樓主殿內舉行，主殿內供桌上只擺放儀式所需的法器：三清鈴、淨水銅杯、奉旨、現場祭解用疏文和一對木筊，殿內會備有紅色塑膠椅，方便腿腳不方便的人可以休息，但多數信徒還是站在道長後方跟拜；道長首先焚香後跪於主殿拜墊上誦唸聖號、發露偈、六符水、諸天上、道由心合、淨心、淨口等神咒，並以清淨水為自己淨身，再以將清淨水灑在左右地上代表為現場清淨，後請神祭誦禱詞，並個別以「疏文」為參加祭解者唸誦主事地址與祭解者生辰。如有特別索求求解除災厄的事項，道長會在此時一併誦陳，並由道長以雙手高舉疏文杯筊為信徒擲筊，祈求臺北府城隍老爺化解凶星、關煞及所求事項賜福消災，以擲筊為信，是否得到化解；道長擲筊後由信徒撿起，確認是否有得聖筊，若未得聖筊，道長會再次持咒代禱所求事項直到的到聖筊，此一時段尚未念到名字的信徒，可暫時坐在椅子上等待，而已祭送完疏文的信徒，可先拿著疏文到殿外，會有另一位道長引導將祭祀補運的紙錢跟疏文，一起拿到在廟旁的金爐燒化後再回到殿外，祭祀關限牌紙料等煞神的供桌前，由另一位道長為其解送煞神。

道長以擲筊確認神明是否降臨現場　　　誦經過程，信眾在道長後面跟拜

道長個別為信徒祭送補運「疏文」，　　　道長引信徒到金爐處，將祭祀補運
並以擲筊為信　　　　　　　　　　　　的紙錢跟疏文燒化

三、解送煞神

前半段祭祀補運尚未結束完成的同時，另一位道長已身穿紅色道袍、頭戴黑色道冠，來到在殿外朝向外面大馬路，並擺放有天狗、白虎、五鬼、替身紙人、童子關限牌的供桌前燃香祭拜，將相插在臨時香爐上，並開始手持三清鈴請替身及煞神，降臨現場享用小三牲祭品及納收紙錢。

待信徒完成前半段的祭祀補運及燒化完紙錢、疏文後，回到主殿前道長會帶領信徒在有自己編號及姓名的關限徘前一一解送煞神，當到達一定人數後，道長會帶領信眾做「過關」的儀式。

信眾拿著全家衣服，由道長手持三清鈴帶領走過擺放有關限牌的供桌，先對廟裡供奉神尊一拜，再來到天公爐前，由道長持咒後對著廟外一拜，再沿著原路回到廟門前，再次對廟裡供奉神尊一拜，後才會到放置關限牌的供桌前，道長再次持咒，並按順序請信徒道關限牌位前，持香「請」〔註2〕起替身紙人，並由信徒拿著帶來的衣服打開舉於胸前，道長右手拿著替身紙人，口中持咒對著信徒及帶來的衣服，前後上下比劃，最後信徒對著紙人哈一口氣，道長順勢拿起關限牌將紙人穿過關限牌，並將紙人丟入一旁專門收集替身紙人的桶子裡，如果有帶衣服來的，道長也會一一為信徒的衣服「穿過關限牌」，象徵度過這些不好的關限，祭解儀式到此算完全結束了。

四、儀式結束

儀式結束後，信徒可以自行到蓋章處，自己在衣領處蓋上太上老君章，收拾衣物後信眾剝去福圓殼取食，象徵蛻變重生，這才完成「祭解消災」。

〔註2〕在民間的信仰裡，如果有拿香來抱起或抬起、拿起，神像、牌位、偶像或像徵性的模擬物，都是有尊敬之意，所以筆者在此處以「請起」來形容。

由另一位道長施術「解送煞神」之
儀式

道長誦經咒引導，進行「過關」儀式

道長將代生人物穿過關限牌，表示
「過關」

信徒自行在衣領處蓋上太上老君章

第二節　台北霞海城隍廟祭解

　　迪化街霞海城隍廟的祭解儀式是由「道士部」來完全執行及負責服務，
較其他宮廟不同的是，這間廟是由 5 個班的道士班，依排班來為信眾服務，
但都是屬於北部劉厝派的道士團。而此廟的補運儀式部分內容也是最早見於
文獻的記載〔註3〕，但經社調過程的觀察，儀式的內容已有所異同。而此廟的
祭解儀式跟其他觀察範圍內的其他宮廟最大的不同處，是這裡的祭解儀式可
以結合其他不同的儀式目的，一起執行，在三次的社調中以祭解儀式為基礎
儀式，在完成祭解儀式後，再加上其他「目的」儀式，計有：小兒關煞的斬將

〔註 3〕詳請參考本篇第三章・第三節

軍箭、蓋運、收驚、求元辰等〔註4〕。

壹、地理位置

霞海城隍廟位在迪化街上，有許多南北雜貨在此聚集；西邊則淡水河流過，對岸則為新北市三重、新莊區，往東走則進入台北市中心；它是台北市的直轄市定古蹟。

圖 5-3 台北霞海城隍廟地理位置圖

貳、祭解空間

霞海城隍廟為三開間、一進的空間格局，道長帶領信眾在正殿的供桌前舉行「祭祀補運」儀式，於正殿供桌旁，另設一面向牆壁之長桌，作為「解送煞神」之處。

〔註4〕據道長說還有其他目的的儀式可一併執行，例如：斬桃花、補財庫、安太歲，但筆者只記錄所觀察到的實際現象

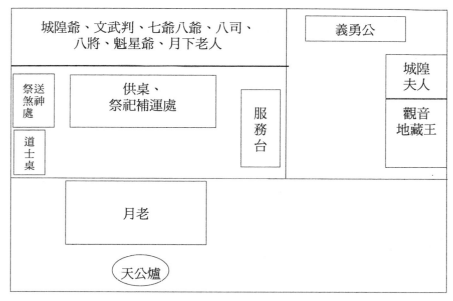

圖 5-4 台北霞海城隍廟祭解空間配置圖

參、流程

一、準備

　　參加祭解儀式須於廟內門口右側的道士部報名,填寫報名表內的基本資料,除單純的祭解儀式外,若有其他的疑難雜症想求解儀式,可以告知現場值班的道長,他會給予不同可參入一起執行的儀式項目建議〔註5〕,報名完成後道長會準備基本的祭祀用品,並會告知信徒若為表示祭神的誠心,也可自備其他的供品一起祭祀,而道士部在前半段的儀式除紙錢外還會準備麵線及龍眼乾,放置於正殿霞海城隍爺前的供桌上;後半段的儀式除紙錢外,還包含有天狗、白虎、五鬼、童子、替身等整組的關限牌,而祭品則是依現場準備為主〔註6〕,直接將供品排放在正殿右側的牆邊供桌上。

二、祭祀補運

　　儀式於正殿霞海城隍爺前,供桌上擺放以紅色圓形塑膠盤的一束麵線、相應人數的龍眼乾及補運錢包著的替身紙人,及信徒所帶來的衣服。道長身穿紅色道袍,頭戴黑色網巾,化身為道士身分,信徒手持三支清香,站於道

〔註5〕本篇論文以祭解儀式為社會宗教調查的主要紀錄對象,所以其他參加入的儀式將不在本文的紀錄範圍內。
〔註6〕社會宗教調查的三次觀察過程中分別有紀錄到泡麵、巧克力條、飲料。

長後面跟拜，道長手持三清法鈴，先持咒以清淨水先為自己做淨身的儀式，後再為信眾持咒請神、誦唸淨心、淨口等神咒後，再誦唸《北斗經》〔註7〕為信徒祭祀補運。

待誦經告一段落，道長為信徒祭送疏文向霞海城隍爺及隨祀眾神稟告，祭解對象的生辰八字、居住地及祭解事由，以祈求神明賜安降福補運，後由信徒擲筊，如未擲得聖杯，道長會再誦唸一段祭文後再為信徒擲筊直到的到聖杯，第一段儀式即告完成信徒可道旁稍事休息。

祭祀補運所用祭祀品，包含有「紙人」

誦經過程，信眾在道長後面跟拜

三、解送煞神

第一段結束後，道長脫掉紅色道袍及黑色道冠，只在肩上披一條「紅色布巾」，信徒無須在後跟拜。道長將上一段用於補運的「紙人」移插在關限紙牌內，並將有信徒資料的疏文攤開置於關限牌前。待準備完畢，道長站在解送的煞神及關限牌前，開始持咒並在其中加入了受祭解者的資料，來召請替身並一炷清香來開光替身紙人。咒畢，以手筊擲筊確認是否請到「替身」並「開光」成功，若未得聖杯，則再次持咒請替身，直到得到代表請到替身開光成功的聖筊。

接下來持咒祭送煞神〔註8〕，請煞神來領受祭品及紙錢〔註9〕，但只持咒而未擲筊確認。結束送煞神後，道長請信徒跪於正殿的拜墊上〔註10〕。道長

〔註7〕這部分是道長自述有誦北斗經，但因現場人多又狹窄加上道長的三清鈴聲，
　　　　筆者無法聽清楚確認是否是念誦整部北斗經或只有部分北斗經。
〔註8〕此一段的儀式時間明顯較其他觀察對象所祭誦的時間較長
〔註9〕此段是道長事後描述。
〔註10〕若有參加入其他目的之儀式，會在祭送完煞神後先執行所參加入的儀式，後
　　　　才會執行最後的改身儀式

手持剛才用於解送煞神包括有紙錢及天狗、白虎、五鬼、紙人等整組關限牌，口念神咒並在信徒身上前後、上下比劃，最後在整組的關限牌上哈一口氣，道長以刻有奉旨二字的驚堂木敲破龍眼殼，儀式即告完成，而這最後的儀式，現場道長稱為「改身」。

道長施術「祭祀補運」，並以「手筊」確認是否請到「替身」

道長手拿整組的關限牌，讓信徒在「替身紙人」上哈一口氣

四、儀式結束

祭解完成後，拿取祭品包含解送煞神的祭品及麵線、龍眼乾，道長不會主動為信徒在衣領上蓋上太上老君印，信徒如有需要蓋章，需自行找道長加持蓋章，因為迪化街霞海城隍廟，配合政府的減香、減金紙的政策，所以整個儀式所用的紙錢，包含祭祀補運和解送煞神的祭祀紙料、及疏文，都由廟方集中載運到他處處理。

祭解後，道長另外再加施「收驚」儀式

霞海城隍廟所用「太上老君印」

第三節　台北關渡宮祭解

壹、地理位置

　　台北關渡宮臺北地區數一數二的大型媽祖廟，其為臺北盆地西北端，大屯山系延伸而下的「關渡」丘陵，遠眺觀音山，為在淡水河下游與淡水河交接處，出海口為台灣海峽。

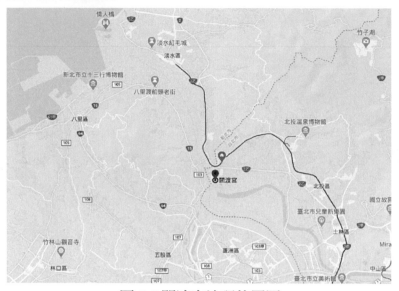

圖 5-5 關渡宮地理位置圖

貳、祭解空間

　　其祭解處在地下室財神殿的媽祖神龕前進行，周邊設有點燈區，兩邊另有祭解服務台，由二位道長輪流為信眾服務，信眾可以自己指定習慣的道長為其施術，或依現場輪流之順序由輪值道長為其施術。「祭祀補運」在媽祖神龕前進行，而「解送煞神」則是在祭解服務台前的長桌進行。

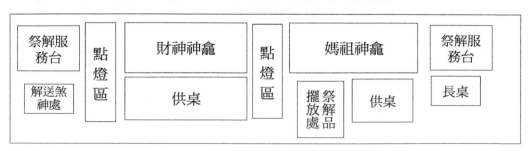

圖 5-6 關渡宮祭解空間配置圖

參、流程

一、準備

　　關渡宮的祭解儀式首先須先到一樓服務台報名繳費，費用每次祭解 500 元，若有要再增加同住家人共同祭解每增加一人多 50 元，依照疏文格式，每張疏文最多 18 人。

　　服務台不會特別問是為何事求祭解，也不會為信徒推算流年所犯之關煞，報名完畢後櫃台會給予收據及疏文，由信徒自行拿著到後殿地下室財神殿，交由現場道士由道士安排祭解儀式，不須領取祭解所需之祭品及供品，會由現場道士代為分成「祭祀補運」及「解送煞神」各所需之供品、紙料金紙等，分類放置於不同的桶盤上，後依照參加祭解者的參加先後順序排列在不同的供桌上。

關渡宮所用疏文

祭解處位於地下室財神爺殿

二、祭祀補運

　　儀式由「祭祀補運」開始，祭祀的紙錢及祭拜之供品「沙威瑪」及帶殼的龍眼乾，未裝盤直接放置在媽祖神像旁的供桌上。道長身穿紅色道袍，頭戴黑色網巾，化身為道士身分，手持三清法鈴，於財神殿上的媽祖神像供桌前，為信眾請神持咒祭祀補運。

　　信眾在道長的帶領下在其身後站立雙手合十跟拜，道長在祭解過程中，時而站立口唸祭解咒語，時而帶領信徒跪拜或長跪於拜墊上，信徒則跟著鞠躬跟拜，過程中道長會以鮮花沾清淨水為信徒加持灑淨，後依順序個別為信徒誦唸疏文。唸完疏文後，道長會為信徒擲筊以示媽祖娘娘是否已為信徒消災補運。得聖杯則代表媽祖已應允為信徒加持補運，若未得聖杯，道長則會再次為信徒持咒代言好話，請媽祖娘娘加持後再次擲筊。若有信徒連續三次都未得到聖杯，道長則會告訴信徒，所祈禳之事項可能較為嚴重尚不得而解，可能還要再加施收驚或其他儀式，並且建議由道長為其算命試圖找出可能的流年災厄，後直到擲得聖杯上半段的補運儀式才算完成；祭祀補運用的金紙則由廟方統一燒掉。

誦經過程，信眾在道長後面跟拜　　　祭祀補運所用之祭祀用品擺放處

三、解送煞神

下半段，道長同樣穿著紅色道袍，頭戴著黑色網巾，將印有天狗、白虎、五鬼、替身及包含有童子的關限牌連同祭祀煞神用的「雪餅」，一起置放在桶盤裡放置於祭解服務台前的長桌上，已經不再在媽祖神位前祭祀，桌上放置有一盞燭火及刻有奉旨二字的驚堂木、一簡易插香的木製香座。

儀式開始之初道長左手持三清法鈴，右手持一炷清香，信徒雙手合十在後跟拜，開始召請煞神，並為替身紙人開光，儀式過程中道長會指示信徒轉頭向媽祖娘娘的神像雙手合十鞠躬一拜，最後將印有替身紙人的紙牌拿起，持咒在信徒的身上前後左右上下比劃，請信徒在紙人上哈一口氣，儀式即告結束。

關渡宮所用「解送煞神」之祭祀　　　道長於「祭解服務台」前，為信徒
用品，及其擺放方式　　　　　　　施術「解送煞神」之儀式

四、儀式結束

解送煞神完成後，道長會將祭祀後的沙威瑪及雪餅交由信徒帶回，並會交代信徒要將龍眼乾自行撥開食用，而解送煞神的紙料及解送煞神的金紙則由道長丟到一旁的紙箱中，統一由廟方處理燒化。最後由道士在帶來的衣服上，蓋上刻有「太上老君敕」的老君印，祭解儀式既告完成。

祭解後之關紙（祭祀補運所用之祭祀品），由廟方統一回收燒化

關渡宮所用之供品（沙威瑪及龍眼乾用於「祭祀補運」，餅乾用於「解送煞神」）

第四節　大龍峒保安宮祭解儀式

保安宮歷史悠久，廟的規模也是台北市數一數二的大廟，所以在祭解儀式的流程上，也是最具備分工規畫的，從報名有專責的服務台，祭祀供品、紙料、紙錢有專門的香燭處準備，儀式有專職負責祭解儀式的道長，服務流程均有服務人員及義工幫忙，各司其職，互無窒礙。

壹、地理位置

台北保安宮又稱大浪泵宮，為國家二級古蹟，鄰近臺北孔子廟。其位在台北盆地的西邊，靠淡水河，與新北市蘆洲接壤，北有基隆河流過，南眺整個臺北盆地。

圖 5-7 台北大龍峒保安宮地理位置圖

貳、祭解空間

　　台北大龍峒保安宮的祭解空間在後殿的左廂房，信徒先至服務台報名繳費，再到金燭處領取供品，放置祭解壇的供桌上，等待儀式開始。道長於祭解壇內請神「祭祀補運」，最後再於祭解壇外的供桌上施術「解送煞神」。

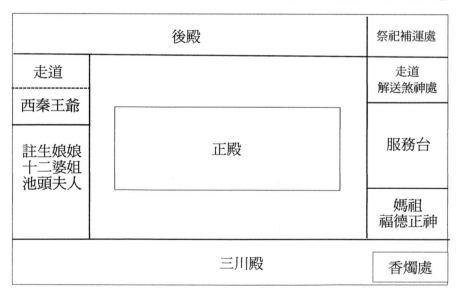

圖 5-8 台北大龍峒保安宮祭解空間配置圖

解祭壇告示　　　　　　　　保安宮解祭壇外「解送煞神」處

參、流程

一、準備

先至保安宮服務處外抽取號碼牌報名，每張疏文只要是同一住址的家人，最多可以祭解 4 人，填寫資料表（當事人姓名、性別、農曆生日、年齡、地址等⋯）若幫親友代辦，填寫清楚即可。服務台人員將資料打入電腦中，電腦自動會依照參加祭解人員「出生年次」，電腦便會為參加祭解的信徒依春運圖記載，自動將所犯流年關煞印到疏文中，於領取單上分別將所需的天狗、白虎、男紙人、女紙人、五鬼、關限牌的紙料領取項目及數量〔註11〕寫在祭品領取單上。

祭解費為 400 元，在付款後會開立收據證明。服務人員會告訴信徒解祭的時間點，自己看表格可以參加什麼時段。拿著收據及祭品領取單到前門側邊的「香燭處」，向服務人員領取祭祀補運用的餅乾、麵線、龍眼、紙料、紙錢，及「解送煞神」所需的小三牲（蛋一顆、豬肉一塊、油豆腐一塊）一杯酒和紙錢，服務人員會依祭祀項目，幫信徒將祭祀用品分成二盤，分別放於桶盤中。領取完供品，沿著走道走到底右轉，走進側殿的（解祭壇），由服務人員幫忙將祭品及當事人的衣服，依祭祀流程分為二份分別擺在不同的供桌上，等待儀式開始。

〔註11〕因為保安宮參加祭解是以同一住址的家庭為單位，並不限於一人所以在領取男女替身紙人，就會有男女紙人不同的數量上之分別。

保安宮祭解服務處　　　　　憑收據至金燭處所領取之祭祀品及供品

二、祭祀補運

儀式在側殿的（解祭壇）舉行，主祀神明為保生大帝，有帶衣服的信徒，此時將衣服排放於桶盤上，置於殿上供桌上。儀式開始道長身穿紅色道袍，頭戴黑色網巾，化身為道士身分，手持三清法鈴，為信眾請神持咒祭祀補運。

信眾在道長的帶領下在其身後站立雙手合十跟拜，個別祭誦疏文並向諸神稟告祭解對象的生辰八字、居住地及祭解事由，以祈求神明賜安降福，化解凶星關煞，後由道長擲筊，如未得聖杯，道長會再誦唸一段祭文後再為信徒擲筊直到擲得聖杯，由廟方服務人員大聲報「聖杯」道長再續為下位信徒祭誦疏文以示補運，直到同一場次所有參加祭解的信徒都補運完成。

誦經過程，信眾在道長後面跟拜　　　保安宮「祭祀補用」所用全部祭祀品、供品

三、解送煞神

上半段的祭祀補運儀式結束後，道長會帶領信眾由偏殿的「龍門」出殿，開始下半場的解送煞神儀式，此時道長延續前半段，穿著道袍，頭帶道冠，手拿三清鈴及手筊，到偏殿外朝向廟門外方向的小長桌，對著排列整齊的所有的關限煞神，持咒請煞神及替身，並以手筊確認是否請到煞神替身。

手筊得聖筊後，道長既依上半場疏文的名字叫誦信徒向前，此時道長拿起包含天狗白虎五鬼替身整組的關限牌，在信徒身上比劃並口念神咒，最後在關限牌上哈一口氣〔註12〕，即告完成，整個解送煞神的祭祀紙料、小三牲及疏文，都由廟方回收統一處理。

道長於以擲手筊的方式，來確認是否有請到煞神

道長手拿整組的關限牌，讓信徒在「替身紙人」上哈一口氣

四、儀式結束

祭解完成後，拿取祭品（餅乾、麵線、龍眼乾），到側殿旁穿堂走道處，收拾祭品及衣服後，由信徒自己動手並決定是否在衣服上蓋上印章，龍眼乾廟方也未指示如何處裡，倒是一起祭解的婆婆媽媽都會熱心地，提醒記得將龍眼殼剝掉，帶回去給當事人吃，衣服記得也要給當事人穿上，所有儀式就算結束了。

〔註12〕2020 年 1 月開始，全世界因新冠病毒（COVID-19）如瘟疫般大流行，所以廟方基於防疫及衛生，停止對關限牌哈氣的儀式內容，直到 2020 年 5 月 1 日再次現場觀察紀錄仍然取消「哈氣」此一重要接觸巫術的儀式內容，詢問道長是否永久取消，道長表示將視疫情及廟方決定是否回復或永久取消。

第五節　台北慈聖宮祭解

　　廟方、駐廟道長、金紙部是完全各自獨立，各自運作，卻又互為合作關係，駐廟道長，金紙部依附在廟方下生存，金紙部給予來廟祭拜的信徒購買祭祀用品的方便性，而道長依附在廟方的儀式空間，藉廟方的信徒人氣及道長自己的道士魅力，來為信徒祭解、安太歲、卜卦、算命、求子嗣等，並與金紙部合作由金紙部供應，祭解儀式所需的祭祀供品及紙錢、紙料，廟方也可從中收取合理的報酬，來達到三贏的共生模式。

壹、地理位置

　　大稻埕慈聖宮位在淡水河的左側，在廟宇東南方約 1 公里處有寧夏夜市。它與霞海城隍廟、台北法主公廟，並稱為大稻埕三大廟宇。

圖 5-9 關渡宮祭解空間配置圖

貳、祭解空間

　　大稻埕慈聖宮的祭解科儀，是在左廂的「太歲殿」舉行，所有儀式，包含「祭祀補運」及「解送煞神」都是在太歲殿內完成。

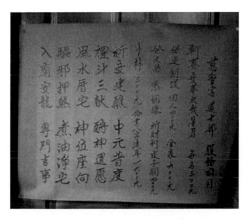
慈聖宮道長服務項目及價目表

慈聖宮祭解處「太歲殿」

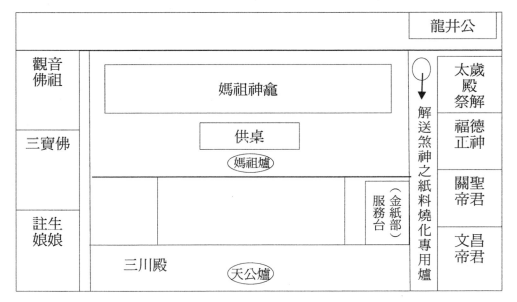

圖 5-10 台北慈聖宮祭解空間配置圖

參、流程

一、準備

　　報名祭祀儀式需先到太歲殿找道長報名，填妥個人資料後，道長會直接將信徒資料填寫於疏文上，因為祭解儀式的經咒及疏文中，已包含了所有的流年關煞，所以不會再告知信徒所犯為何流年關煞，除非信徒有其他事項求解祭解儀式解除。

在繳交個人 400 元，全家 600 元的潤金後，道長會指引信眾到廟門內左側的金紙部購買所需的全套祭祀用供品及紙錢、紙料，並交代買完祭祀用品後先拿回太歲殿，由道長幫忙排放祭祀用品於供桌上，或許是空間較小所以祭祀補運用的紙錢、龍眼乾及麵線，放於供桌正面直接面向媽祖神像前方。而解送煞神的關限牌組、紙錢及餅乾，則以紅色塑膠盤裝放置於太歲殿供桌的側邊面向太歲神位。

祭品交給道長後，道長會請信徒先到廟的正殿及各偏殿，先拜拜順便告知正殿的媽祖娘娘今日所為何事求祭解，並請媽祖娘娘能賜福解除，後再回到太歲殿開始儀式。

二、祭祀補運

儀式在側殿的太歲殿舉行，主祀神明為觀音菩薩〔註13〕，有帶衣服的信徒，此時將衣服排放於桶盤上，跟祭拜的紙錢、麵線及龍眼乾一起置放太歲殿上的主供桌上。

儀式開始時，道長身穿紅色道袍，頭戴黑色網巾，化身為道士身分，先以奉旨有，節奏性的在桌面輕敲三下，表示儀式的開始，此時右手持三清法鈴，左手時而配合經咒內容，擺出不同的「指訣」〔註14〕，為信眾請神持咒祭祀補運。

信眾在道長的帶領下在其身後手拿清香站立跟拜，祭誦疏文時道長會跪於拜墊上，由信徒亦跟跪於拜墊上，並向諸神稟告祭解對象的生辰八字、居住地及祭解事由，並將疏文打開朝向神明以示請神明鑒訥，祈求神明賜安降福，化解凶星關煞。

之後道長暫時收起信徒手中的線香，由信徒雙手拿疏文，疏文上方放杯筊，信徒輕拋杯筊來擲筊，如未得聖杯，道長就會以台語說：「笑杯笑微微，

〔註13〕在 2020 年 4 月第三次的社會宗教調查，太歲殿的主祀神像換成了黑面媽祖，但筆者還是以前二次比例較高的記錄為主要記錄論述。

〔註14〕早期道教手印又稱「訣」，表明它顯示祖師秘傳的口訣。《道法會元明光樞要》指出：「祖師必傳訣目。通幽洞微，召神御鬼。要在於握訣。默運虛元，因目之為訣也。」其意是表明手印或訣的意義和作用。一是「召神」，手印是向神靈表示至誠的方式；二是「御鬼」，手印有著鎮伏妖邪的威力；三是「載道」，道士借手印顯示自己「通幽洞微」，「默運虛元」，修煉得道的神通。

萬神心歡喜。一筶見陰萬事大清心。一筶見陽萬事大吉昌。」等等詞語〔註15〕，道長會再誦唸一段祭文後再讓信徒擲筶直到得到聖杯；當信眾擲得聖杯後，道長會再念一段禱詞並拿起祭祀補運用的供品、疏文、紙錢帶領信眾再對神明一拜，並拿起奉旨敲破龍眼殼，道長隨後指示先將龍眼殼剝掉，並指引信徒將紙錢、龍眼殼、疏文一併拿到金爐燒化，祭祀補運儀式即告完成。

「祭祀補運」所用法器：三清鈴、手筶、奉旨（驚堂木）

「祭祀補運」過程中，道長將寫有信徒資料的「疏文」，向案前神明展示

三、解送煞神

　　第一段結束燒完金紙後，道長脫掉紅色道袍只戴黑色道冠，儀式在太歲殿供桌的側邊面向太歲神位，道長右手持三清鈴左手比「指訣」，站在解送的煞神及關限牌前，開始持咒請替身與煞神，並拿起原插在關限牌上的線香，在天狗、白虎、五鬼、替身紙人上方畫圈以示開光。

　　之後再插回線香，以手筶擲筶確認是否請到替身，並開光成功擲得聖筶後，開始持咒並在其中加入了受祭解者的資料，接下來持咒祭送煞神。

　　此時道長會請信徒面相向太歲殿門口，再次持咒請煞神來領受祭品及紙錢，咒畢道長拿起整組的煞神、替身及關限牌，如果信徒有帶衣服，也會請信徒將衣服放於桶盤裡拿在手上，後在受祭解者身上前後上下左右筆劃並口念神咒，為信徒解除流年關煞、煞神，筆劃完後，持咒右腳大力踏地一卜，並將手上拿的整組關限牌向門外的天空筆劃，就像是要請煞神快快離開，連續二次後，再次持咒請替身為受祭解者擔起災殃，速速讓災厄遠離，最後請信徒在替身紙人處哈一口氣，並口唸奉送……，就將儀式所用的整組關限牌及紙錢，由道長親自拿到門外的金爐燒化，儀式即告完成。

〔註15〕其實這些短短的詞句，卻也安慰了受祭解者，可能所求祭解之事不得解而造成的，心中小小的遺憾及緊張的心的以緩解。

「祭祀補運」過程中道長手持香條
為天狗、白虎、替身紙人開光

「祭祀補運」結束後，由道長親自將
包含有天狗、白虎、五鬼、紙人等關
限牌組當場燒化

四、儀式結束

祭解完成後，拿取祭品包含解送煞神的祭品及麵線、龍眼乾，信徒有需
在衣領處蓋章，道長會主動為將繞過太歲殿主爐加持的慈聖宮媽祖印，為信
徒在衣領上蓋印，如果有需要平安符，道長也會熱心地為信徒加持過香並告
知使用方式，全部的祭解儀式即告完成。

儀式結束後，道長請自為信徒在衣
領處蓋上神明印章，以示加持護佑

慈聖宮祭解儀式所用「慈聖宮天上
聖母印」

第六節　台北法主公廟祭解

壹、地理位置

　　台北法主公廟位在大稻埕地區，往西走為傳統迪化街，並鄰近大稻埕碼頭與淡水河，往南則為台北市交通運輸紐——台北車站。往東則進入台北市市區的市中心。

　　此廟在台北市算是較為特殊的廟宇建立於清同治年間，民國 57 年市府拓寬南京西路，後殿全被拆除，變成極為狹窄現狀，於民國 87 年重建為一五層樓高之廟宇，二樓供奉主神法主聖君，三樓太歲殿及觀音佛祖和財神殿，必需搭電梯上樓，為該宮之特殊之處。

圖 5-11 台北法主公廟地理位置圖

貳、祭解空間

　　法主公廟的祭解儀式是在二樓正殿，現由北部劉厝派的劉道長主法祭解儀式。「祭祀補運」的儀式在東嶽大帝神龕前的供桌施術，道長帶領信眾於此向神祈求消災解厄，「解送煞神」的儀式則是在，主殿最右側牆邊，「大仙尪仔」的神龕右側施術，由劉道長為信徒解送煞神。

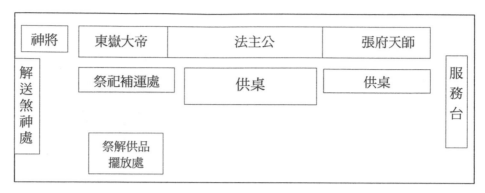

神將	東嶽大帝	法主公	張府天師	服務台
解送煞神處	祭祀補運處	供桌	供桌	
	祭解供品擺放處			

圖 5-12 台北法主公廟祭解空間配置圖

參、流程

一、準備

祭解前先於二樓主殿服務台報名祭解，報名人數最多以同住一個住址的家人為單位同寫於一張疏文內，但若有特殊的求祭解事由則需以一人一張疏文為單位報名，一份疏文為一次祭解單位，一次含祭祀用品為 330 元，疏文內容除有特殊需求者外，其他參加祭解者，廟方都會依受祭者的出生年次之生肖，按照廟方公佈的春運圖填入所犯之流年關煞。

祭祀用品完全由服務人員安排排列，信徒完全不用動手，只要將帶來祭解者的衣物，交由工作人員以桶盤排列整齊，與關限牌等紙料一起放於祭送煞神的供桌上即可。

法主公廟由廟方所準備祭祀補運所需之供品

儀式開始前，由廟方人員代為準備及排放，「解送煞神」所需祭祀用品及信徒衣服

　　祭祀補運的供品排列於主殿裡，側奉的東嶽大帝神位前供桌上，以紅色塑膠盤裝盛，內有按照祭解者性別及受祭解者同等數量所準備的男女替身，每一張替身都由補運錢包著，只露出紅色代表女性、黑色代表男性的替身，內還有龍眼乾一顆，麵線一小束及疏文，當然如果信徒有準備其他祭品一樣可以一起擺入祭祀。

　　而「解送煞神」的紙料、紙錢和餅乾則是未裝盤，直接放置於主殿最右側牆邊，「大仙尪仔」〔註16〕的神將前方的供桌上，本廟祭解儀式沒有固定的時間，道長會依現場參加的人數及狀況開始儀式。

二、祭祀補運

「台北法主公廟」有別於一般宮廟之建築，一樓為車輛通行之巷道，二樓才為主殿

解送煞神後再次回到東嶽大帝神龕前，道長手拿整組關限牌請信徒哈一口氣

　　儀式於二樓主殿側奉的東嶽大帝神位前開始，道長身穿紅色道袍，頭戴黑色網巾，化身為道士身分，手持三清法鈴，為信眾請神持咒祭祀補運，信眾在道長的帶領下在其身後站立雙手合十跟拜，請神時道長會以手筊來確認是否有請到神明降允儀式現場，若未得聖筊，道長會再次以請神咒請神

〔註16〕「大仙尪仔」是一種類似尪仔的巨大神祇，演出者會將自身套入依據不同神祇模樣製作的大型人偶，在傳統廟會慶典中扮演了重要的角色，當各路神明出巡時，大仙尪仔就在兩側護駕，為活動增添莊嚴熱鬧的景象，是台灣地方廟會民俗不可或缺的陣頭之一。

直到得聖筊，道長才會開始為信徒祭送疏文，道長個別以一張疏文為單位祭誦疏文，並向諸神稟告祭解對象的生辰八字、居住地及祭解事由，以祈求神明賜安降福，化解凶星關煞，後由道長擲筊，擲筊以一張疏文為單位來擲筊〔註17〕，如未得聖杯，道長會再誦唸一段祭文後再為信徒擲筊直到得到聖杯，即代表同一場次所有參加祭解的信徒都補運完成，儀式就算暫告一段落。

三、解送煞神

上半段的祭祀補運儀式結束後，道長喝口水稍事休息，脫掉紅色道袍只戴黑色道冠〔註18〕，不會要求信徒在後跟拜，先到代表關煞的關限牌位前，工作人員會依現場參加的人數點燃線香，插在相應數量的關限牌上〔註19〕，道長站在解送煞神的供桌中間前，開始持咒請替身，咒畢，以手筊擲筊確認是否請到替身，若未得聖杯，則再次持咒請替身。

但這次的請替身神咒明顯簡短許多，直到得到代表請到替身的聖筊，接下來持咒請煞神，但只持咒而未擲筊確認。後依手上所拿上半場所用的疏文，再次回到側奉的東嶽大帝神位前，叫到名字的信徒，上前跪在供桌前的拜墊上，道長手持由工作人員依序交到道長手上的，紙錢及天狗、白虎、五鬼、等整組關限牌，在信徒身上比劃並口念神咒，最後在整組的關限牌上哈一口氣，道長以刻有奉旨二字的驚堂木敲破龍眼殼，儀式即告完成。

四、儀式結束

祭解完成後，拿取祭品（餅乾、麵線、龍眼乾），道長會幫忙願意在衣領處，蓋上太上老君印的信徒加持蓋章，拿取衣服後，整個儀式所用的紙錢，包含祭祀補運和解送煞神的祭祀紙料、及疏文，都由信徒自己拿到金爐燒掉，所有儀式就算結束了。

〔註17〕這樣以一張疏文為擲筊單位，來代表已獲神明加持補運的「調查發現」，是有別於本研究社調範圍的其他宮廟。

〔註18〕儀式結束後，訪談劉道長為什麼沒有穿紅色道袍，道長表示因為祭送是「法仔」，不用請神所以會脫掉道袍

〔註19〕供桌上並不會依參加人數，擺放相應數量的關限牌、天狗、白虎、五鬼等紙料及紙錢，而是會多擺一些在桌上，再依當場次的人數點上線香來表示用於解送煞神的數量。

第七節　解個案比較

壹、廟方主導與空間、時間的選擇

在台北地區 6 間宮廟的祭解儀式，除霞海城隍廟，因為是廟方與道士團之間為「特殊合作關係」[註20]，其餘 5 間宮廟，皆由廟方主導整個儀式的報名、準備、疏文、祭品、紙紮物、流年關煞的判定。信徒到廟報到後，廟方採取固定的制度性流程，繳交 300～500 元不等的費用，在櫃台填報名單後，輸入電腦，印製書寫好的疏文。帶著供品、紙紮物到神殿祭解。

其中，台北關渡宮、大龍峒保安宮、台北慈聖宮分別在偏殿（財神殿、太歲殿）作祭解。台北法主公廟、台北霞海城隍廟及台北府城隍廟則選擇在廟裡主殿作祭解。再加上祭解的供品、紙紮物，6 個宮廟全部擺在供桌上，而非放在地上，視此科儀為比較低階的神明來主持。

由神殿空間及供桌空間的選擇，可以看出來，6 個宮廟廟方提升了祭解神聖性。雖然，多數道長認為祭解在宗教儀式中被歸類為「小法術」；然而，在廟方看來卻認為它是頗為「重要的」科儀。

在時間選擇部分，調查的 6 間宮廟，信眾來廟作祭解，分為過農曆年期間及一般時間兩個類型。相較於部分研究，選擇在過年期間為改年運作祭解；（許麗玲，1999.2）似乎有所不同。反而，比較接近其他的研究，（葉春榮，2013；張家麟，2017；吳柏尚，2020）在廟方主導下，祭解成為平時重要的儀式收入。

貳、道士主法及法器的使用

本研究調查宮廟的主法道士皆屬道教正一派道長，分為北部劉厝及林厝兩派。（劉枝萬，1967）其中台北大龍峒保安宮、台北府城隍廟、關渡宮的道長為林厝派，其餘台北慈聖宮、台北法主公廟及霞海城隍廟則為劉厝派。細分兩個道士派，然而彼此交流相互支援北部大型醮典的結果，兩派道脈難以區分差異。（謝宗榮，2008）

筆者深入調查的結果，證實兩派道士主持祭解，皆使用三清鈴請神及送煞神，也用奉旨祈求神明蒞臨法場，再用手筊確認神明是否降臨。反而，未用錫角催促神明臨壇。再看道士穿著的衣服，在執行祭祀補運時，6 間宮廟都是穿著道袍與道冠；而在執行解送煞神時，台北關渡宮、保安宮及台北府城

〔註20〕詳參本文第六章，第一節，參、誰主導祭解？

隍廟皆著道袍與道冠、鞋子，台北慈聖宮、法主公廟只著里道冠，霞海城隍廟則指披紅巾於肩上。再看請神部分，6間宮廟幾乎都未請招請閭山三奶派祖師順天聖母陳靖姑，而是委召請該廟的主神或配祀神。

由此看來，要說祭解為單一閭山派法術，有點難度。首先，陳靖姑法派常見的法器有錫角、師刀、法索等，研究範圍內的道士並未使用。其次，傳統閭山派法師的頭冠與法裙，打赤腳等法師的象徵，在此6間宮廟的道士也都未如此穿著。

經由多次的宗教社調，6間宮廟仍然請專業的正一道法二門之道士主持儀式，不同於部分宮廟聘請乩童、釋教法師、佛教和尚或小法團、誦經團主持祭解。顯現祭解雖然屬於小型法事，但是，在筆者調查的宮廟，廟方仍然慎重其事，由道教正一派的儀式專家處理。再就儀式的內容來看，這6間宮廟的道士，將祭解分為「祭祀補運」：含請神、唸神咒，為信徒誦疏文、擲筊確認的到神明應允加持補運；「解送煞神」：含為替身開光、要求信徒對紙人哈氣等內容。相異的部分，在於台北法主公廟及霞海城隍廟的道士，依信徒要求並繳付一定的潤金，可為信徒加誦《北斗經》強化祭祀補運的效果。台北慈聖宮特別有為煞神開光。台北府城隍廟則有傳統代表切割承負、厄運的割鬮儀式，及象徵通過了人生不順遂關卡的過關限牌之模擬巫術儀式。慈聖宮的道士在解送煞神後，仍然遵照傳統，認為為防止解送後的，天狗、白虎、五鬼等煞神，再次回頭為惡，所以在儀式告一段落後由道長於現場親自將這些象徵煞神、煞氣的祭祀紙料，跟著紙錢一起燒化，這些儀式內容與其他研究範圍內之宮廟不同。

由此可見，祭解在本研究調查的6間宮廟中，雖儀式之執行略有不同，但可以說法術及儀式架構之內容是「大同小異」。主要原因在於皆為道教正一派道士主持祭解儀式。台北林厝派及劉厝派兩派道士職業圈基本都是重疊，經過2百餘年的彼此相互支援科儀道場，彼此技術交流及學習，所以作出來的儀式內容相似度非常高。雖然不像葉春榮教授所說的「儀式標準化」，但就儀式「架構」（framework）而論，在筆者看來，已經頗為一致性。

參、供品、紙錢與紙料

在祭解儀式的供品、紙錢與紙料，在廟方主導下，6間宮廟中有5間由廟方或旗下的金紙部統一準備；霞海城隍廟則為例外，由道士為信眾準備。

在祭祀補運的供品部分，龍眼乾為共同的吉祥供品，6 間廟宇皆有。台北大龍峒保安宮、大稻埕慈聖宮、霞海城隍廟、台北府城隍廟則備有麵線，唯台北關渡宮、台北法主公廟無此供品。在現代社會發展下，台北關渡宮、台北大龍峒保安宮、台北法主公廟等 3 間廟宇也用餅乾祀神，慈聖宮則由信徒另外可選擇自購，至於其他 2 間則無。

在解送煞神的祭祀用品部分，除了慈聖宮由信徒於金紙部自購外，其餘 5 間宮廟皆由廟方準備。在祭解常見的豬肉一塊、鴨蛋一顆、油豆腐或豆干一塊所組成的「小三牲」，筆者的調查只在台北大龍峒保安宮、台北府城隍廟 2 間廟宇有使用，其他宮廟並無此供品，而用餅乾替代；霞海城隍廟則可由信徒選擇是否要自備小三牲。

在紙錢部分，6 間宮廟皆由廟方統一準備祭神用的大百壽金、壽金、刈金、福金、改運金；及解送煞神用的小銀、經衣、刈金等。另外，台北關渡宮、台北大龍峒保安宮、台北法主公廟、霞海城隍廟採用「金白錢」。而只有 1 間廟霞海城隍廟使用「甲馬」。

肆、圓滿

祭解儀式的圓滿，分為：對信徒帶來衣服持咒清淨、割鬮、過關、擲筊、打破龍眼殼、燒紙錢、衣服蓋章等項目。6 間宮廟作法大部分相同，比較特別的是台北府城隍廟，特別保留了相當傳統的割鬮、過關的儀式。霞海城隍廟為儀式圓滿再擲筊詢問神明一次。

除此之外，大稻埕慈聖宮、台北府城隍廟、台北關渡宮、台北法主公廟與霞海城隍廟等 5 間宮廟皆有為信徒帶來的衣服持咒、清淨，唯獨保安宮省略此象徵圓滿的儀式。傳統漢人皆有由打破龍眼殼來代表「除舊佈新」、「脫胎換骨」、「送走霉運迎接好運」的象徵意義。6 間宮廟分別由道長或信徒在儀式結束後，於現場打破龍眼殼，吃龍眼乾。到儀式尾聲，要焚燒紙錢給神與煞神（鬼），6 間宮廟也由廟方、信徒或道士處理。最後，道士需要對未來到現場的信徒衣物蓋上神明章，筆者調查的 6 間宮廟中，台北慈聖宮、台北法主公廟由道長親自處理，霞海城隍廟依信徒要求來蓋章；台北大龍峒保安宮、台北關渡宮與台北府城隍廟則由信徒自己蓋章。

綜合上述從「廟方主導與空間、時間的選擇」、「道士主法及法器的使用」、「供品、紙錢與紙料」、「圓滿」等四個面向來看本研究台北地區 6 間宮廟，

可以得到下列幾點意義及看法：

　　一、本研究所調查的 6 間大廟，廟方在此儀式的主導性頗強，視祭解為廟方重要的財源下，長年在廟宇的正殿或偏殿推動此科儀。不僅如此，為了提升祭解這項小法術的神聖性，廟方都委請道士將供品放於供桌上處理，對信徒而言，他們來參與祭解儀式的感受提升，只花數百元就可以換得整年的平安，何樂不為。對廟方而言，他們以便宜的儀式收費吸引了廣大信眾前來祭解。在積少成多、經年累月的做祭解後，此科儀變成廟方重要收入財源之一。

　　二、儘管其他的研究透露出各宗教神職人員都投入祭解，本研究也發現林厝、劉厝兩派的道士，分別在 6 間宮廟做祭解。由此得知，祭解儘管屬於小法術，但仍需要專業的道士來主持。與其他研究對比，本研究將祭解分為準備、「祭祀補運」、解送煞神與圓滿等四部分，異於準備、「祭祀請神」、解送煞神與圓滿。在筆者看來，第二階段應屬於「祭祀補運」，而非只有祭祀請神做主的概念。

　　三、在廟方主導性越發增強的寺廟組織管理運作下，祭解成為廟宇的重要科儀，廟方就有必要對供品、紙錢與紙料同籌管理。當然也有例外，如霞海城隍廟的空間，供給道士使用。廟方只是運用此儀式讓廟宇增加神聖性，祭解的利益幾乎歸道士所有。

　　四、整體看來，本研究的主法道士皆屬正一派，因此在儀式圓滿部分，幾乎大部分相同，唯獨發現了台北府城隍廟，仍然保留非常傳統的「割鬮」、「過關」兩項小儀式，前者象徵與厄運切除，後者代表今年或往後順利度過各種難關。

表 5-1 祭解儀式前的準備工作表

程序	宮廟	台北關渡宮	大龍峒保安宮	大稻埕慈聖宮	台北法主公廟	台北霞海城隍廟	台北府城隍廟
報名	報名繳費	500	400元	400元（不含祭祀用品135元）	330元	300元	400元
	報名費包含祭祀品	v	v	信徒另購	v	不含補運供品	v
	判定流年關煞	v	v	v	v	v	v
	備疏文	v	v	v	v	v	v
祭祀補運	供品　廟方統一準備	v	v	廟方金紙部信徒可另購			v
	供品　餅乾	v	v	信徒可另購	v		
	供品　麵線		v	v①		v	v
	供品　龍眼乾			v①			
	紙錢　大百壽金	v	v	v①	v	v	v
	紙錢　壽金	v	v	v①	v	v	v
	紙錢　刈金	v	v	v①	v	v	v
	紙錢　福金	v	v	v①	v	v	v
	紙錢　改連金	v	v	v①	v	v	v
	紙錢　金白錢	v	v		v	v	
	紙錢　甲馬					v	
解送煞神	供品　廟方統一準備	v	v		v	v	v
	供品　餅乾			v①			
	供品　小三牲		v			可自備	v
	供品　其他					v②	
	供品　信徒可以帶走	v		v	v	v	
	紙錢　廟方統一準備	v	v		v	v	v
	紙錢　小銀	v	v	v①	v	v	v
	紙錢　經衣	v	v	v①	v	v	v
	紙錢　刈金	v	v	v①	v	v	v
	紙料　廟方統一準備	v	v		v	v	v
	紙料　紙料分類（註1）		v				
	紙料　紙人替身	v	v	v①	v	v	v
	紙料　天狗	v	v③	v①	v	v	v
	紙料　白虎	v	v③	v①	v	v	v
	紙料　童子	v	v	v①	v	v	v
	紙料　五鬼	v	v	v①	v	v	v
	紙料　關限牌	v	v	v①	v	v	v
	紙料　其他	v	v	v①		v	v

① 廟方金紙部統一準備的祭祀用品有包含。
② 供品不一定，視現場準備，筆者觀察紀錄三次，飲料、巧克力條、泡麵各一次。
③ 視流年所犯關煞，例如同一張疏文內受祭解的信徒有犯白虎關就會附白虎紙牌，如果沒有就不會附，天狗紙牌亦同，如果都無犯就都不附；如都犯就二者均附。
（註1） 紙料分類：有些宮廟會以參加祭解信徒，流年所犯煞神準備不一樣的紙料。

表 5-2 祭解儀式流程比較表

程序		宮廟	台北市關渡宮	台北市保安宮	台北慈聖宮	台北市法主公廟	迪化街霞海城隍廟	台北市府城隍廟
祭祀補運	空間	空間地點	財神殿	偏殿	太歲殿	主殿	主殿	主殿
		空間主神	媽祖	保生大帝	觀世音菩薩	法主聖君	霞海城隍爺	府城隍廟爺
	現場法器	三清鈴	v	v	v	v	v	v
		奉旨（驚堂木）	v	v	v	v	v	v
		錫角						
		法索						
		手笣	v	v	v	v	v	v
	儀式	請神	v	v	v	v	v	v
		神咒	v	v	v	v	v	v
		誦經《北斗經》				v（另外加費）	v	
		個別為信徒祭誦疏文	v		v	v	v	v
		為其他求祭解事由代禱			v	v	v（另外加費）	v
		擲笣	v	v	v	v	v	v
		誰擲笣	道士	道士	道士	道士	信徒	道士
解送煞神		空間地點	財神殿內旁	偏殿外向外	偏殿內旁	正殿內旁	正殿內旁	主殿外向外
		是否穿道袍	v	v	只有頭戴黑道冠	只有頭戴黑道冠		
		是否使用紅布巾					v披掛在肩上	
	祭祀供祭品	桌上	v	v	v	v	v	v
		地上						
	儀式	是否為替身開光	v	v	v	v	v	v
		是否為煞神開光			v			
		是否對紙人哈氣	v	v	v	v	v	v
		擲手笣（註1）		v	v	v	v	
		是否過關限牌						v
	圓滿	為信徒帶來的衣服持咒清淨		v	v	v	v	
		割鬮						
		過關（註2）						v
		擲笣					v	
圓滿	打破龍眼殼	道長		v	v	v	v	
		信徒	v					v
	誰燒紙錢	廟方		v	道士自己			v
		信徒				v		
	誰蓋神明章	道長		v	v	如果信徒有要求		
		信徒	v	v				v

註1：以擲手笣的方式確認是否請到煞神。
註2：送煞後，帶領信眾繞場以示過關儀式

第六章　比較祭解變遷及其因素

　　比對歷史與當代的祭解資料，發現祭解出現了變遷現象，可以分為「祭解時間」、「祭解空間」、「主導祭解角色」、「祭解的凶星關煞」、「神職人員與主神」等概念，茲將這些概念表達的現象，逐一陳述如下：

第一節　祭解變遷現象

壹、祭解時間

　　信徒何時才須要祭解？在過去的資料顯現，選擇在農曆新年；然而，現在的資料顯示，除此之外，也可以選擇在平時。本研究6個個案，即兼「年節」及「平時」兩種時間類型。就祭解的時間來看，已經出現變遷，各具有其意涵。

　　雖然有研究指出，祭解是針對個人一年一度的年運循環，用此來祈禳、轉化及補運。（許麗玲，1999.2：99～100）但是，筆者比對其他的研究調查，宮廟神職人員選在平時為信徒作祭解者，卻已經大有人在。（張家麟，2017）

　　在「年節」作祭解補春運，筆者認為是受清朝的《欽定協紀辨方書》通書影響。更與於1990年代各大宮廟為增加廟方收入，結合太歲信仰，開始在廟內為信徒點光明燈、太歲燈的有關，廟方以12生肖年沖犯「關煞」、「凶星」為概念，鼓勵信徒用祭解改變「年運」。而且，這種價值觀深入百姓心裡。另外，早期信徒也會因為疾病或生活上的不順遂、對未來的茫然，而求助於道士或算命先生，而這二者亦會以流年沖犯「關煞」、「凶星」為因由，而鼓勵信徒於春節期間以祭解儀式來化解未來可能發生的災厄，而這樣於春節期間以

儀式，以祈禳化解未來一年可能發災厄的習俗，在清朝修訂的《台灣府志》，也記錄了這樣的習俗；部分家戶在「除夕」夜，用「黑鴨」來「制壓」白虎，「解送」煞星之俗。

這些過農曆春節祭解轉運的傳統，影響到現在。本地諸多宮廟，將年運卡到凶神惡煞的資料以「春運圖」或「春牛圖」的名稱，附在「農民曆」中。而在過華人農曆春節前，讓信徒來廟免費索取，或將之寄送到信徒家中。也有將此沖犯生肖年，製作大型「看板」，掛在廟前。

廟方大力行銷此「流年運勢」與生肖年的沖犯，結合光明燈與太歲信仰，和俗諺所云「太歲當頭坐，無喜必有禍」，鼓勵信徒正沖、對沖太歲者，來廟安太歲燈以祈禳衝犯太歲年的一年平安。「年運」沖犯天狗、白虎、病符、喪門、五鬼、死符、太陰者，宜來廟祭解。逢福德、太陽、龍德等吉星高照者，也可來廟補運。

若干大廟經由廟方的促銷，的確產生良好效果。信徒趨之若鶩，在農曆新年正月份，大排長龍登記來祭解改運。有些廟方為因應蜂擁而上的人潮，採取多個櫃台報名，（例如本研究範圍內的保安宮、關渡宮），藉此分流人潮；以「集體祭解」的方式，消化眾多信徒的需求。

如果因此而判定祭解只是過農曆春節的科儀，將犯了「以偏概全」之謬誤。在生活型態由農業社會，轉換到工商業社會的改變，信徒所面臨的人生困境也不同過往；因此他們就可能會習慣性、隨時的求助廟裡的神職人員作祭解。（吳柏尚，2020）

而在本研究調查範圍內所訪查的 6 間宮廟，駐宮道士皆有此「平時祭解」的服務。此時，由於信徒人數不像春節那麼多，道士就採取「個人祭解」之方式，以滿足信徒個人需求。而霞海城隍廟的道士更會以「類客製化」的方式，因為信徒不同的需求目的，而參加入其他各種不同目地之科儀儀式，與祭解儀式一起施術，來服務各種不同需求之信徒。稍微大點的宮廟如台北保安宮，香火鼎盛、信徒較多，廟方以整點、聚集幾位或十來位信徒，採「集體祭解」的方式，服務信徒。

貳、祭解空間

過去，道士在自家道士壇或到信徒宅邸設壇，作祭解儀式禳災。（余文儀，1993）現在，也有道士在自家道士壇為信徒服務；（2019.5.4 社會調查）

但是，更多道士移駕到廟宇或稍具規模的私人宮壇，為信徒作集體祭解的服務。

筆者觀察的 6 個個案，與前輩學者的研究雷同。例如李游坤道士團，長期駐松山府城隍廟作祭解。（松本浩一，2004）他的堂兄李繼昌受聘於台北大龍峒保安宮，除了重大法會外，每天整點時間，為信徒作祭解禳災。（張珣，2008）

另外，多位學者對台北大稻埕慈聖宮（許麗玲，1999.2；葉春榮，2013）；基隆代天宮、基隆慶安宮、基隆聖安宮、桃園慈護宮（張家麟，2017）；淡水福祐宮的調查（吳柏尚，2020）；皆發現祭解儀式已經移轉到廟宇舉行。然而，也不能排除在道士壇祭解的事實。

祭解空間的轉化，既說明了過去到現在宗教變遷的現象。也詮釋了廟宇作祭解的「神聖性」，高過火居道士自宅的道士壇。信徒相信大廟神靈的威靈及大廟不會像私人道士壇，會有獅子大開口或坐地起價的困擾，讓信徒樂於到大廟，勝過到道士壇作祭解。廟宇空間大過道士壇甚多，神靈更眾更具神聖性，廟方執事理解此宗教、社會變遷趨勢，嗅到此商機，乃請道士駐宮為信徒服務。

至於，在廟宇作祭解的空間在那個位置？就不一定了。筆者作的研究，發現霞海城隍廟、法主公廟、台北府城隍廟皆在正殿作，其餘的宮廟則選擇在偏殿作祭解。一如其他研究者的觀察，桃園慈護宮、基隆聖安宮皆在正殿；而台北保安宮、關渡宮、大稻埕慈聖宮、淡水福祐宮、基隆代天宮，選擇在偏殿作祭解。較為特殊有新莊地藏庵文武大眾爺廟，其祭解儀式前半段的「祭祀補運」儀式是在主祀「地藏王菩薩」的正殿施術，而下半段的「解送煞神」則是在以祭祀「文武大眾爺」的南殿施法。（2019.5.4 社會調查）

而此儀式空間的選擇，端看廟方主事者的宗教見解，及對祭解儀式的傳統認知，才會選擇在宮廟那個空間。由於不少主事者認定祭解屬於「小型」法事，在偏殿處理即可。但如果廟方主事者把它當作「重要」法事，就易選擇在正殿來舉行。當然亦有廟方考量到在執行祭解儀式時，可能影響到其他到廟祭拜的因素，而將儀式空間轉換到偏殿施術。

最後，祭解既然移至廟宇中辦理，神職人員是在「供桌」或「地上」的空間作此法事？過去的文獻資料並未明顯說明。根據現在的文獻指出，淡水福祐宮、基隆代天宮神職人員在地上辦理解送煞神儀式；淡水清水祖師廟、桃

園慈護宮、新莊地藏庵文武大眾爺廟則在桌上辦理。比對於我調查的個案，發現道士皆把它移到供桌上作祭解。此舉措凸顯祭解雖然屬於小法儀式；但是，它也得到廟方的重視，把它移至桌上來，慎重其事的作此科儀。〔註1〕

參、誰主導祭解？

過去日據時期的資料顯示，由道士主導為信徒作補運〔註2〕的儀式。現在，大部分宮廟則由廟方主導整個儀式的行銷，報名前置作業，準備各項儀式所需要的祭品、供品、疏文。道士則只負責作中間的儀式，與廟方緊密搭配，完成祭解儀式。

至於道士操作的儀式內容，廟方尊重道士本身的宗派儀式傳承，由道士或儀式專家主導儀式之施術，廟方對儀式的施術內容幾乎完全尊重。反而是現代宮廟，廟方的「主體性」崛起之後，它變成一個強有力的「宗教組織」體時，常具有強烈的「意志」及「能力」主導各種儀式的舉行，例如拜斗，上、中、下三元節的賜福補運、赦罪普渡、解厄消災等儀式。而且廟方為了增加營收考量，將祭解「營運」成為春節或平時重要之儀式。

因此，廟方思考建立與主法的神職人員之關係。現在的模式筆者將之約分為「雇佣關係」、「合作關係」、「承包關係」及「特殊合作關係」四種類型。其中，台北保安宮、台北關渡宮屬於「雇用關係」，是由廟方聘請專業道士，每天駐足宮廟服務信徒。

台北法主公廟、淡水福祐宮為「合作關係」，由雙方約定，每個個案依約按比例四六或三七分帳，道士依時間來廟服務。台北松山府城隍、台北慈聖宮則是「承包關係」，是道士向廟方承包宮廟場地，依約繳交租金給廟方。

霞海城隍廟為較特殊之「特殊合作關係」，廟方感念建廟之初，信徒不豐，藉由道士到廟服務為信徒祭祀補運，算命解惑來吸引增加信徒，及六位道士

〔註1〕 筆者認為，此項不分祭祀補運或解送煞神一律都在桌上施術的改變，同時也因此失去了傳統認為，祭送的煞神是屬陰煞之煞神、煞氣、低階靈等概念，所以上不了供桌，僅以較低下之祭拜方式於地上執行儀式，也以此分別神明於供桌上，受人恭敬祭祀、祈禳賜福長佑，以和對解送之煞神，吃完快走別再回來的儀式內涵，以形成階層的對比、差異及親疏感，也因此改變甚是可惜。

〔註2〕 祭解是由原就於民間流傳的「補運」及「祭送」或稱「送外方」二種儀式所組合成的綜合儀式，所以也可將日據時期在廟所施術的補運儀式，視為祭解儀式的前身。詳見本研究之第三章第三節：祭解儀式在台灣的歷史發展。

對廟方初建時之貢獻，所以以合作共榮之方式，免費出借廟方之一偶，為道士之辦公桌。而這六位道士以「約定成俗」的方式抽籤輪流到廟，於正殿為信徒執行祭解等法事。經過百餘年之時空演進，現由最初六位道士中之的三位道士後人或徒弟，分為五組一樣依約抽籤輪流到廟為信徒祭解，道士團與廟方維持著互信合作的關係。

就主導性來看，過去道士主導一切祭解；現在，則是廟方主導，道士配合。其中，「雇用關係」廟方主導性最強；「合作關係」廟方主導性其次；「承包關係」廟方主導性相對最弱；「特殊合作關係」廟方可說是完全沒有主導權，完全是建立在道士團的自制及與廟方的互信上。儘管「承包關係」廟方主導性相對最弱，但也強過道士主導的儀式。簡言之，廟方在祭解儀式扮演主導性的角色，視道士為雇傭職員或合作關係，取代了過去道士的主導角色。

肆、祭那些「凶星」或「關煞」？

一般論者，認為信徒會根據自己的生肖年，判定該年可能面臨那些「凶星」、「關煞」，而決定來廟祭解。依據〈協紀欽方〉或〈農民曆〉記載的流年，以 12 個凶星、關煞為週期，當沖犯：「太歲」、「歲破」、「天狗」、「白虎」、「太陰」等「凶星」；或是面臨「喪門」、「病符」、「官符」、「五鬼」等「關煞」。就該到廟宇或道士壇祭解，消除年度面臨的凶星，及化解難關。

然而，在祭解的疏文中，呈現的並非完全書寫這些「凶星」或「關煞」。相對的每間廟都有它自己認定凶星、關煞的疏文內容。以台北保安宮的疏文為例：它只是概括性的陳述：要解除「星辰不順」、「干犯天災地曜凶邪惡鬼亡神劫煞」；「消除魔王鬼兵惡煞」、「凶星退散災劫關惡煞神消除」，而未提及任何具體的凶星與關煞。

台北慈聖宮的疏文，雷同於保安宮，也是含糊其辭的書寫「天災地曜」、「魔王鬼兵」、「亡神劫煞」、「五方十煞」、「慮凶星」等與祭解完成無關的神煞名稱。

另外，疏文中常見的有「空亡關」、「血光車關」、「火關」、「水關」、「刀關」、「生產關」，及「金木水火土神」及「內外陰神」等關煞、凶神。

甚至也有疏文寫到「天罡」、「天羅地網」、「吊客」、「流掌太歲大王小鬼五鬼」、「一百二十四凶神惡煞」等凶神，及「六害」、「車關」、「水火關」、「黃蜂」、「尾蝶」、「南蛇」、「五方金木水火土煞」、「九戾三煞」等關煞。

　　理論上，這些神煞是祭解的主要對象。然而，在本研究調查的六個宮廟，神職人員祭解時使用的疏文，欲祭祀解除的神煞卻不盡相同，顯現出流年神煞與祭解凶星、神煞、關煞的重大差異。（張家麟，2017）

　　部分宮廟的疏文皆以類似、含糊的方式書寫神煞，根本未提及流年運勢具體名稱的凶神惡煞。以祭解的凶神、關煞的解除來看，似乎疏文的內容，遠離了〈農民曆〉及《欽定協紀辨方書》的流年神煞。

　　這說明了兩件事情：首先，信徒對疏文內容不以為意，他們要的是祭解流程及效果。第二，道士對廟方行銷的凶星、關煞也不在意，他們以自己的認知來印製制式公版疏文。

　　由在過年期間台北保安宮、台北慈聖宮、關渡宮、台北府城隍等宮廟，吸引眾多信徒前來參與祭解，可以看出，用〈農民曆〉及《欽定協紀辨方書》的流年神煞來行銷信徒，已經產生不錯的效果。

　　但是，道士依然脫離這些神煞，作自己的儀式。信徒也只在乎儀式的形式，而不在乎其實質內涵的特性。形同信徒繳費給廟方辦理祭解，他們也參加了跟拜。至於祭了那些神煞，化解了那些關限，並不重要。重要的是，已經繳費換取儀式帶來的心理慰藉。

伍、神職人員與主神

　　過去，誰是祭解的主持者？當然是與修行道法二門有關的道士。請了那些神明來道壇作主？理論上，應該是道教三清道祖或捉妖除魔的神明，亦或是閭山夫人派的祖師──順天聖母陳靖姑。

　　對於前者，與本研究相吻合。無論是台北保安宮、大稻埕慈聖宮、台北府城隍、台北法主公或台北關渡宮、霞海城隍廟；皆是屬於北部道法二門正一派之道士主持祭解。然而，比對其他的研究，卻有道士以外的神職人員主持祭解。

　　筆者深知，本研究只對有限宮廟神職人員主持祭解，可能只會發現唯有正一派道士主法。如果擴張到其他宮廟，就可能會有其他宗教的神職人員主持祭解。

　　由此看來，祭解並非道士主法的專利。儘管此儀式的淵源，可能與巫、祝、祈禳儀式、咒禁術、解除術、閭山小法有關。而儀式專家與民眾的關係，建基於服務的提供與接受，這種關係允許了不同宗教派別的存在。這些派別內部各自發展了不同的儀式傳承與信仰體系，並造成儀式專家與民眾信仰觀念上的差

距。（勞格文，2015：7）於是發展到當代，跨教派的佛教、釋教、民間鸞堂（儒宗神教）神職人員，各憑本事，或接受廟方聘請，已經進入到各宮廟主持祭解。

至於請那些神明到廟中作主？本研究發現必須看此儀式在那個宮廟舉行。看其疏文，大部分的情況是，道士延請宮廟的主神及配祀神前來；反而鮮見三清道祖或閭山祖師。

仔細看各各宮廟的疏文，即可理解其端倪。台北府城隍廟疏文，只請台北城隍老爺一尊神。台北關渡宮，請了天上聖母及列聖尊神。台北保安宮則請來保生大帝，及神農大帝、諸佛諸大菩薩、列聖尊神等配祀神。大稻埕慈聖宮延請天上聖母，及其宮內的順風千里二大將軍、三寶佛祖、觀音佛祖、關聖帝君、文倉帝君、註生娘娘、月下老人、福德正神、黑虎將軍。台北法主宮則有請法主聖君，也請了東嶽大帝、張府天師、斗姥元君、張柳將軍、玉皇大帝、紫微大帝、觀音佛祖、五斗星君、虎馬元帥、三官大帝、三清道祖、文倉帝君、太歲星君、謝范將軍等諸多宮內配祀神。而主持儀式的道長，為了尊重各宮廟的主神及配祀神，少有請陳靖姑等閭山派的祖師爺做主。

表 6-1 依疏文六間宮廟祭解關煞、星神比較表

項目 宮廟	關　　煞	凶　星	做主神明
台北府城隍廟	歲破關、五鬼、車關、水關、火關、病符、死符、喪門、吊客、口舌、官符、財關、財劫刀關、箭關、血關、生產關、千日關、百日關、婆姐關、童子關、血光神煞、水火神煞、刀兵劫煞、空亡劫煞、桃花劫煞、五方土神土煞	天狗、白虎	台北城隍老爺
霞海城隍廟	大災地曜、魔土鬼兵、亡神劫煞、五方什煞	凶星	霞海城隍、內宮夫人、左右判官、謝范將軍、金山二將、合廟尊神
台北關渡宮	五鬼、官符、邪剋死符、病符、喪門吊客、桃花神煞、交通神煞、血光神煞、水火車關、刀兵劫煞、空亡什煞、雜煞關限、魔王鬼兵、邪崇妖氣	天狗、白虎、太歲	天上聖母、列聖尊神

台北保安宮	亡神劫、煞車厄、水火、劫殺、桑門、天哭、災殺、小耗、寡宿	歲破、破碎（編按：道士書寫錯詞）	保生大帝、神農大帝諸佛諸大菩薩、列聖尊神
大稻埕慈聖宮	魔王鬼兵、亡神刧煞、五方什煞	天災地曜流年歲君凶星	天上聖母、順風千里二大將軍、三寶佛祖、觀音佛祖、關聖帝君、文倉帝君、註生娘娘、月下老人、福德正神、黑虎將軍
台北法主公廟	病符、死符、宮符、五鬼、喪門、車禍血光、刑剋、劫財、水火、空亡、口舌、沖命、五方什煞 天災地曜、魔王鬼兵	太歲、白虎、天狗、歲破凶星	法主聖君、東嶽大帝、張府天師、斗姥元君、張柳將軍、玉皇大帝、紫微大帝、觀音佛祖、五斗星君、虎馬元帥、三官大帝、三清道祖、文倉帝君、太歲星君、謝范將軍

資料來源：本研究整理

第二節　變遷之因素

祭解到了當代會出現上節所論述的各種變化，應該可以就「社會」及「宗教」兩個層次的框架來看，茲將這兩類因素分析如下：

壹、社會因素

一、國家政策促使廟宇「主體性」出現

在近代日據時代中期及當代國府時代，國家宗教政策法規促進了廟宇的「主體性」。（張家麟，2018.3）前者，國家為了便利管理，要求廟方成立「管理人」。後者，則有寺廟「管理人」、「管理委員會」及「財團法人」等三種組織，供地方領袖選擇。

在清朝之前，台灣地區漢人管理民間宗教的地方公共廟宇，大多數採用「廟外」、「任務型」的管理。只有在重大節慶、祀典、迓神、繞境、修建廟宇時，才會出現地方鄉紳、頭人，出來承擔工作。

而在日據時代中期之後，由廟外管理進入廟內管理。再加上農業社會轉型到工業社會，大量勞動人口從農村流入都市，更加速部分位在都市中的大廟香火鼎盛。

在此變遷趨勢中，宗教政策影響下的宗教組織，進入全國各地宮廟。它

們擁有國家給予的「免稅」或「減稅」特權，更有利於其成為一個經營管理的「有機體」。

　　它們為了生存、發展，廟方領袖勢必選擇有利該宮廟的各種宗教儀式，藉此擴張財源。此時，祭解儀式就是其中之一，就從民宅、道士壇移至廟宇殿堂。根據中研院的調查，台灣百姓每年度安太歲者，近 20 年來逐年攀升至前 3 名，成為全民最熱衷的儀式。（瞿海源，2002）

　　如果，中研院主持調查者將年度生肖年須要的「祭、安太歲」，擴張為 12 生肖年逢的「凶星、關煞」，而須「祭解」者。我估計，它也會是信徒喜歡，名列前茅的科儀。

　　由各大都會區宮廟，過年期間信徒大排長龍來祭解。或是，平常時間信徒臨櫃檯抽號碼牌，等待每天整點時的祭解。都可以看出廟方「主體性」的選擇此儀式，作為「生財工具」。

　　然而，筆者也深知，並非全國 1.6 萬餘座之廟宇，廟方經營此儀式，並非每間廟宇都有經營祭解儀式，而少數有經營祭解之宮廟，也非每間都非常順利成功。因為，影響其成功的關鍵變因尚有：「廟宇地理位置的便利性」、「廟宇聘請神職人員的專業性」及「廟方管理、行銷此儀式的能力」。

二、廟方領袖的引入管理、行銷儀式

　　廟方管理、行銷祭解儀式能力，如果未滿足現代社會中「以客為尊」的「便利性」理念，勢必難以奏效。換言之，廟方執事須跳脫「佛度有緣人」的「消極被動」思維，等待信眾前來祭解。相反地，廟方須要「積極主動」，行銷、經營、管理此具重大商機的科儀，才能為廟宇廣增財源。

　　就行銷面來看，從 1980 年代之後，台灣地區不少宮廟執事，印製〈農民曆〉送達信徒宅中。內頁，大篇幅告知信徒今年正沖太歲、對沖歲破的年運，是屬那一生肖年？其餘生肖，又犯了今年的那些「凶星」、「關煞」？（張家麟，2016.12）

　　不只如此，在廟宇入口處設置大型春運圖看板。說明各個生肖沖犯的「凶星」、「關煞」一則增加信徒點光明燈、太歲燈的數量，並再次強化宣傳各生肖流年所犯何「凶星」、「關煞」宜至本廟祭解，以消災解厄，在本研究也發現到有些廟，還會將各生肖在特定的月份裡，會沖犯不同之「凶星」、「關煞」，以為暗示或直接建議信徒，那個月要參加祭解或其他儀式，以化解可能會發

生的災厄，及本廟的祭解對信徒「好處多多」。而這兩種行銷，都是鼓勵信徒來廟「花小錢、化大災」作祭解。

再從經營管理面來看，須符合信徒求「快速」、求「便利」的需求。當信徒處在現代社會快節奏的生活步調，一切講求快速方便的「速食文化」年代，「時間即是金錢」，皆隨著資本主義的邏輯，而加快生活各層面的節奏。依此，廟方執事也要思考如何像速食文化的點餐方式，「快速」服務信徒來廟作祭解。

筆者看到台北大龍峒保安宮、關渡宮、松山府城隍廟、法主公廟及閱讀到桃園慈護宮過年期間的「集體祭解」，即吻合此潮流。（張家麟，2017）這些宮廟的廟方，動員志工、職工彼此搭配。除了增加報到櫃檯外，再以「工廠生產線」的方式，讓信徒領到供品、紙紮品，再到祭解壇等候。

最後，由道士主持一場 20～30 分鐘，集合上百名信徒的「集體祭解」法會，快速的幫信徒或其家人消災、補運。儀式結束前，再由志工或信徒自己加蓋神明印章到衣服上，象徵神明已經加持、護體。

由此可知，過去史料中的祭解「凶星」、「關煞」，是道士到宅，或個人到道士壇，著重在「個人祭解」。在當代，平時來宮廟作祭解者，於現場參加祭解者人數不多時，也有作「個人祭解」，而在研究的個案中霞海城隍廟更可因信徒個人之需求，參加入其他目地之儀式與祭解儀式一起施術。

然而，在過年期間，著名宮廟面臨一天數百乃至 2.3 千人次的信徒來廟作祭解。廟方此時，如果沒有轉型成為多櫃檯來快速服務「集體祭解」，勢必無法滿足如潮水般的眾多信徒的要求。

三、廟方具「現代性」的儀式管理

當祭解儀式物換星移來到當代，就可能與「後工業社會」的管理脈絡連結。以台北保安宮為例，它就採取「一貫化」的服務，非常快速、具效率的為信徒完成報道手續。（張珣，2007.9）

廟方管理具「現代性」的性格，取代道士為信徒作「傳統性」的祭解服務。無論過年或平時，當信徒來廟為自己或家人作祭解，他只須備妥金錢及祭解者穿過洗乾淨的衣服即可。

到廟宇櫃檯，告知祭解者幾名、每個姓名、居家住址，繳交數百元費用。廟方就會立即以電腦將相關資料，及受祭解者當年所犯「凶星」、「關煞」，一起列印在「疏文」，備妥儀式所需之紙紮「關限牌」、「天狗」、「白虎」、「五鬼」

及「男人、女人替身」、「金、銀紙錢」，連祭祀補運的「餅乾」、「麵線」、「龍眼乾」及解送煞神所需的「豬肉」、「豆干」、「鴨蛋」等所組成的小三牲供品，也一應俱全。

大部分廟宇執事為來廟祭解、已經繳費者，皆有此服務。即是用電腦列印祭解者所須大同小異的疏文，取代道士用毛筆書寫。由廟方統籌、承辦信徒所須要的紙紮物及供品；取代道士來準備。

由於信徒只花少許的金錢，就可以得到一套完整的儀式，換取一年的平安。對信徒而言，何樂不為？只是，「有限的」金錢，就只能換得「極小化」的「小三牲」。自然不可能與早期由信徒自己所準備，還包含菜飯、茶或酒、米糕等所能相比。

各宮廟執事也知此種情況，只能以少數金錢為信徒準備供品。不過，部分宮廟為了方便備貨、保存或衛生等因素，對此也有了些變化，如「豬肉」改為「肉醬罐頭」或「餅乾」，「豆干」改為小包裝的「零食豆干」，「熟鴨蛋」改為「皮蛋」等，甚至是完全以一包餅乾、一罐飲料或一條巧克力來代替小三牲。只要便利，也或許信徒不知小三牲含意，所以信徒也能接受。只是這樣的改變方便了廟方，卻失去了儀式原始使用「血食」的小三牲，來「祭祀解除」被完全「擬人化」的天狗、白虎、五鬼等煞星的，「模擬巫術」之儀式初衷。

整體來看，無論是祭解準備的疏文、供品、紙紮品，不少廟方早已經採用現代化的思維，作此儀式的前置作業。一切方便、快速為主。廟方取代過去道士的角色，承擔所有的儀式準備所需要的工作。這種現代化、統一性的管理作為，使信徒更樂意選擇到各大宮廟、捨棄到道士壇作祭解。

貳、宗教因素

一、廟宇與神職人員的「共生性」推動儀式

比對傳統及當代的祭解，委請專業的神職人員主法，是共同的現象。只不過是，傳統祭解由道士在道士壇或信徒家中主持，現代祭解則大部分在廟宇，由廟方聘神職人員主法。這是重大的變遷，而這也說明了各大宮廟主持祭解者的專業性，不可能任意被一般人取代。

在過去，道士一手承包祭解；而現代，廟方與道士、神職人員「共生」，共同完成祭解。廟方承擔了祭解的各項準備工作，而神職人員依舊負責祭解的科儀。

　　而從傳統的祭解文獻看來，它比較接近「中國南方道教」之科儀；也具濃厚的從生肖看年運的「術數」之說。這兩者的結合，及地區性「道士圈」的因由，也符合本研究調查的 6 間宮廟，「恰巧」皆屬修行道法二門的正一道士。

　　不過，筆者也理解尚有不同宗教別的神職人員，主持此儀式。（張家麟，2017）各大宮廟的執事見祭解的重大商機，根據自己的需要延攬各宗教的儀式專家，入廟駐宮服務信徒。

　　道士只是儀式專家的一種類型；發展至今，祭解並非是「道法二門」之道士的專利。相反地，佛教和尚、釋教法師、民間宗教乩童、儒宗神教鸞手或是誦經團的經生，他（她）們都已涉入各宮廟的祭解。他（她）們以「受聘」、「分帳」的方式，與廟方緊密的配合，「嫻熟」且「專業」的處理祭解。

　　這種廟方與神職人員合作，服務來廟作祭解的信徒，具濃厚的「共生性」本質。它是在廟宇「主體性」出現後，廟方掌握儀式入廟宇的選擇權，決定篩選合格的神職人員駐宮服務。簡言之，廟宇「主體性」主導了廟方與神職人員合作的「共生性」，創造了現代宮廟的祭解儀式之模式。

二、廟宇發展儀式的「利益」

　　過去台灣地區宮廟與現代宮廟，最大的差異點之一是「營利」性格。在農業社會的廟宇，為庄頭百姓的信仰中心、辦理儀式慶典中心、社會教育中心。鮮少廟宇為了擴張利益，增加收入，成為「營利中心」的事業體。

　　然而，現代香火鼎盛的都會型宮廟，廟方執事處在資本主義社會的框架下，受此影響而不自知。他們想方設法，藉經營儀式之名，發展自己的廟宇經濟。筆者就曾訪談新北板橋媽祖廟執事——總幹事及董事長，他倆就指出，廟方經營祭解 10 餘年來，使廟方由虧損轉為盈餘。

　　另外，在筆者調查的 6 間宮廟，廟方執事訂定極其便宜 300 元～1000 元的祭解收費標準，完全符合台灣地區中產階級及下層階級信徒的需求。信徒深信只要繳交少數金錢，就可獲得廟方祭解的「全套」服務，甚至全年的平安。因此，過年期間，信徒乃趨之若鶩到各大宮廟祭解。

　　再加上國家對宮廟的儀式服務，只要訂定收費標準，就要課稅。然而，在宗教自由及官員人數有限，官僚體系效能不彰的情況下，主管機關往往視而不見，未對廟宇課加營利事業所得稅。

　　因此，宮廟從祭解儀式，於扣除人事、供品、紙紮物的成本後，獲得重大利潤。雖然，每名信徒繳交費用不多，但是筆者概算，上百名信徒集體祭解，廟方立即獲得 3～7 萬元的高額利潤。一天 8 場，就可得 24～56 萬元。過年期間 30 天，即可賺進 712 萬～1680 萬元不等。

　　而且，廟方發現此儀式不僅可以滿足信徒在過年時，轉化生肖年的年運需求；也能滿足他們平時，遭逢人生各種困境排解的願望。（吳柏尚，2020）因此，不少廟宇將傳統在過年節作的祭解，擴張成信徒平時也可以來廟行此科儀。

　　這種只要信徒繳費，廟方神職人員隨時為他們服務的作法，在各宮廟出現三贏的局面。首先，信徒只需花些許的金錢，從儀式中得到心理的安慰及滿足。其次，道士、法師等神職人員，為信徒作專業化的儀式服務，也從中得到成就感及金錢。

　　最後，最大的贏家應該是廟宇執事團隊。他們經營、管理、行銷此儀式，為廟宇累積了聲望並擴展了信徒。不只如此，廟方從中得到鉅額的利益，得以分配、決策。而在「利之所趨」的動力下，祭解成為廟方在作禮斗、點燈之外，最重要的收入來源之一。

　　本章從歷史的縱軸比對清朝到當代的祭解資料，所發現祭解的變遷現象，並論述形成變遷的原因，可以總結下列幾個研究心得，與既有的學界研究對話：

（一）祭解時間與空間

　　雖然通書或許麗玲的研究，都認為祭解是過年期間補春運，消除關煞、凶星的重要儀式。然而，筆者的研究發現與部分學者的研究吻合，祭解除了在過年期間是廟宇重大的儀式之外，平時也是廟宇主要的科儀之一。通書所言，透過祭解改變祭解者年運的論述，只符合部分的現象；無法解讀平時碰到身心靈或疾病障礙、生活不順等，信徒前來求助廟宇作祭解的具體事實。

　　這種時間的改變，除了吻合宗教儀式必須相應於社會需求、信徒需求外，尚得考量現代廟宇主體性的出現這項因素。廟宇為了擴張自己的財源，在資本主義的邏輯下，廟方選擇有利於其收入的儀式，作為過年或平時服務信眾的主要科儀。此時，祭解就雀屏中選。因此筆者所調查的 6 間宮廟，或是部分學者先前調查的事實，都發現廟方透過農民曆或在廟前懸掛的大型「春運圖」看板，大力行銷祭解。而且，也得到了不錯的效果。

　　過去部分資料出現祭解在信徒宅中、道士壇舉行。現在雖然仍然可見道士壇為信徒作祭解，但是，筆者的研究顯現出來台北區的 6 間宮廟，都委請道士在廟正殿或偏殿為信眾作祭解。這種從住家、道士壇，移轉到廟宇作祭解，象徵祭解神聖空間的轉化。

　　如果要探究為何產生這種轉化，應該也與廟宇主體性的出現有關。在國家為鼓勵廟宇成立法人的農業時代，廟宇只是祭祀境內庄民的宗教儀式中心；很少成為廟宇經濟中心、慈善中心、教化中心。而當國府來到台灣，一手強化廟宇的管制，有利於其政權鞏固。另外一手則給廟宇好處，減免其各項稅賦。此時，廟宇成為獨立完整的宗教經濟體，部分香火鼎盛的廟方，就會想方設法擴大經濟基礎，延攬宗教神職人員入廟駐宮，為信徒作祭解，成為主流趨勢。

（二）神職人員角色

　　筆者調查的 6 個個案，皆屬道教正一派道士在宮廟作祭解；筆者也看過葉春榮、張家麟等教授的祭解研究，在他們的論文中除了道士之外，也有佛教法師、釋教師父帶領誦經團、乩童等神職人員，在廟宇為信徒作祭解。由此看來，祭解已經不是道教正一派的專利，在有利可圖的情況下，各宮廟延攬自己熟悉的神職人員駐宮作祭解，成為常態。

　　現今除了在神職人員與閭山派的色彩關係相對淡薄外，由道士主導祭解的角色，其重要性也相對降低。在廟方主體性升高的情況下，道士或其他宗教的神職人員只能成為廟方的「雇傭者」、「合作者」或「承包者」及「特殊合作關係」四種角色。其中第一種角色廟方具全權的主導，神職人員只能聽命於廟方，駐守在廟中，如：保安宮。第二種角色廟宇與神職人員產生共生關係，他們採取抽成的方式，依約分享祭解利益，道士雖然駐宮，但也可以自由來去到外面接法事，如：關渡宮、法主公廟。第三種角色道士的主體性稍高，他們向廟方租借場地，繳交一定的費用給廟方，祭解的收入則歸道士團所有，他們也長期駐宮，也可到外廟承接法事，如：慈聖宮、府城隍廟。而另有一種則為「特殊合作關係」，不用繳交費用給廟方，祭解的收入則歸道士團所有，他們也長期駐宮，但廟方可說是完全沒有主導權，雙方關係完全是建立在，道士團的自制及與廟方的互信上，以達最大值的共存共榮，如：霞海城隍廟。

（三）儀式標準化

一般言，廟方根據《欽定協紀辨方書》所陳述十二生肖，流年各生肖所沖犯之太歲、歲破、天狗、白虎、病符、喪門、五鬼、死符、太陰，為其沖犯之流年凶星、關煞宜來廟作祭解；另外逢吉星高照的福德、太陽、龍德者，也可以來廟作祭解以助「祭祀」後「補運」之效果。葉春榮教授依此論斷，神職人員在廟宇為作祭解，剛好與《欽定協紀辨方書》中的凶星關煞背道而馳，根本未達「儀式標準化」的要求。不過，在筆者的研究看來，所謂「儀式標準化」的內容不僅如此。不僅各類神職人員操作此儀式各有其疏文、解除的凶星關煞、延請的主神、使用的法器、呈現給神明的供品及神職人員的法服，皆無標準化的科儀。筆者在宗教社會調查的過程中發現，在同一間宮廟，相同之宗派傳承，不同的道士，其儀式內容也會因為各自對儀式的理解，及操作儀式之手法不同而有所異同；在研究觀察的過程中也觀察到，例如原在關渡宮服務法號吳羅天道長，轉換到淡水福佑宮為信徒做祭解儀式時，除因廟方所準備的祭祀品、供品及疏文不同外，其所施術的祭解儀式內容也有所異同，甚至是所使用的法器也所異同。（2016.4.12、2019.10.2 社會調查）

以各神職人員書寫疏文的內容來看，基本上超越了《欽定協紀辨方書》這個框架。他們根本不太理會這本通書中所陳述的凶星、關煞，而是根據自己所理解的各種關厄、煞神、凶星，將它們寫到疏文當中。所唸唱的咒語，也是根據疏文或各自宗派的傳承經咒內容來唱誦，而非單只是通書中所載的凶星、關煞。

在比對吳柏尚的實證追蹤調查研究，信徒平時來廟作祭解者，往往超越了《欽定協紀辨方書》中的傳統凶星關煞因素。反而，有各種現代社會下工作職場的困境、人際關係的衝突、家庭親子間的不和諧、現代社會壓力過大下所產生的各種心理疾病、與人經商產生的糾葛、個人投入股票市場及房地產失利、出國旅遊求平安或為家中寵物消災解厄等各項問題，前來作祭解。由此可見，現今多元之社會，祭解儀式已不再只是單純的以，《欽定協紀辨方書》所言的凶星關煞為解除對象或為生病的親人，祈禳病痛能得癒而求術，雖名為祭解凶星關煞，實為為信眾透過此儀式，滿足其身心靈困境。

第七章 結 論

第一節 研究意義

本研究主題，雖然是學界諸多前輩處理過的「祭解」，但是筆者以局內人及研究者的雙重身份，重新探索此議題。在研究告一段落後，筆者以為有「老題新作」、「超越局內人視野」、「比對文獻及調查資料」等三點研究意義：

壹、老題新作

本研究的主題為《祭祀與送煞神：台北市地區宮廟祭解儀式及其思想之研究》，是屬於台灣地區「祭解」之研究範疇。過去已有諸多學者投入此研究主題，他們著重在「更改年運」、「儀式標準化」、「儀式醫療」、「儀式內容」及「比較儀式」面向。筆者在這基礎上，持續追蹤歷史文獻，探索儀式內容的歷史變遷，用《台灣府志》及日本時代的《台灣宗教調查報告書》等文獻，補過去研究的空白處。

貳、超越局內人的視野

筆者曾經拜正一派朱建成道長學習道法長達一年，深入祭解儀式的操作，並從道長身上得知祭解儀式的思想、供品、法器、紙紮物等意涵。然而筆者對此並未滿足，跳脫局內人的身份，用學界相對主觀互證（inter subjectivity）角度，介於「局內人」（in sider）與「局外人」（out sider）中間的「折衷者」（mixer）立場，廣泛閱讀文獻次級資料，並花一年半的時間，研究範圍內的

各宮廟，為取得更客觀的調查資料，每間廟至少都親身接受過 1 次該廟的祭解儀式，及每間廟三次以上於不特定之時間收集祭解的原級資料。以宗教學者的角度，重新看待祭解，盡可能還原其原貌。在這個過程中，確有難度，不過筆者經常提醒自己，我做此研究是社會科學調查者，而非操作祭解的道長。

參、結合文獻法及調查法

如果說本研究對學界尚有一丁點意義，是筆者結合文獻法及社會調查法，投入此祭解的研究。筆者想要從歷史的縱軸爬梳文獻，了解祭解的淵源、思想、變遷的現象。筆者更想把這些歷史材料，比對筆者在當代台北地區調查的 6 間宮廟個案資料，看看這兩者間的差異。因此，這項學術工作，對我而言，是個漫長、孤獨的挑戰，但是對學界而言，我也想與前輩學者一樣，走出一條新的研究路徑。

第二節　研究發現

壹、超越《欽定協紀辨方書》及「閭山道法」

筆者在過去研究的基礎上，爬梳相關古籍、歷史等文獻，發現與祭解相關的思想、儀式甚少記錄。祭解的思想淵源，筆者以為應該與古代的「煞氣觀」、「祈禳儀式」、「咒禁術」、「巫術」及「解除術」的思想有關聯。在隋朝歷史的《隋書》記錄：「又有諸消災度厄之法，依陰陽五行數術，推人年命書之，如章表之儀，並具贄幣，燒香陳讀，云奏上天曹，請為除厄，謂之上章。」（魏徵，2012）由此可知，在隋朝已有以命理來推算人的流年命書，並論吉凶，若有不祥災厄，即以疏文燒香陳讀，云奏上天曹，以祈禳消災除厄，這樣的儀式如同現今祭解儀式前半段「祭祀補運」儀式的內容。

再就當代祭解儀式十二個神煞中，最早出現的應該是周朝時期避太歲之說，到了漢朝王充的《論衡》記錄了避太歲與歲破之習俗。除此之外，鮮少論及生肖年該祭解的凶神惡煞。直到元朝宋爐珍、何士泰《三訂曆法通書》、清朝《欽定協紀辨方書》，才直接與祭解的十二個神煞相關連。而在地方府志部分，清朝《台灣府志》則記載與儀式內容相同的「補運」及「祭送」或稱「送外方」〔註1〕紀錄。

─────────────

〔註1〕詳見本研究之第六章　第一節　第參小節。

貳、正一教派道士祭解大同小異

本研究以台北市地區 6 間宮廟，作為考察祭解儀式的對象，經過一年半的深度訪問及參與觀察紀錄，發現本地正一教派道士在廟宇為信徒作祭解，都可分為「準備」、「祭祀補運」、「解送煞神」與「圓滿」等四個階段。再將之比對葉春榮及張家麟的研究，二位學者的研究著重在不同教派神職人員作祭解，不過，無論是道長或非道教神職人員，投入祭解儀式，其儀式內容雖有所異同，但都在筆者對祭解儀式內容所定義，「祭解儀式是由『祭祀補運』，與『解送煞神』的範疇之中」〔註2〕

只是葉春榮在祭解研究強調的「儀式標準化」並未存在的現象，在本研究也得到佐證。他以清朝《欽定協紀辨方書》為範例，發現台灣地區宮廟神職人員作祭解，凶星、關煞剛好與通書的順序顛倒，而在本研究也發現有此現象。不僅如此，廣義的祭解「儀式標準化」根本未存在。每個廟宇幾乎都有其聘僱不同教派的神職人員，各有其不同的疏文，不同的法器與供品，不同的關煞、凶星及厄神；非常難稱之為「標準化」的祭解儀式。但就廣義的祭解儀式之核心「架構」（framework）的「儀式標準化」是可以被定義出來的〔註3〕。雖然每個廟宇幾乎都有其聘僱不同教派的神職人員，各有其不同的疏文，不同的法器與供品，不同的關煞、凶星及厄神；但其儀式之核心「架構」（framework）卻是相同，都是由「祭祀補運」和「解送煞神」二項儀式內容所組成的〔註4〕。

參、祭解變遷的理論初探

本研究的重點之一，是探索歷史縱軸的祭解現象是否出現「變遷」。研究的結果顯現，無論是「祭解時間」、「祭解空間」、「祭解的凶星惡煞」、「請的主神」或「主法的神職人員」，都產生變遷的現象。為何導致這種變遷，筆者認為與社會結構的大框架因素，與宗教結構的小框架因素有關。前者是由國家宗教政策，促使廟宇主體性出現，讓廟方選擇了祭解儀式，當作生存發展的重要利基。此外，廟方領袖在資本主義下，將廟宇當作有機體，引入、管理、行銷祭解儀式，吸引大量的信徒在過年期間作集體祭解，或是平時前來作祭

〔註2〕詳見本研究之第四章 第一節 祭解儀式的核心與目的。
〔註3〕詳見本研究之第四章 第一節 祭解儀式的核心與目的。
〔註4〕詳見本研究之第四章 第一節 壹、儀式的核心「架構」（framework）。

解。再者，廟方以現代性的一貫化服務，具效力的管理整個祭解儀式，符合現代社會信徒簡便、便宜、及各宮廟自行公定之費用，的儀式使用需求。

而在宗教因素部分，祭解儀式仍屬專業性的法術之一，除了極少數廟宇用釋教法師帶領誦經團課誦經典為信徒祭解外，絕大多數的廟宇仍需委請專業道士、佛教和尚或法師，主持祭解。本研究調查的 6 間宮廟皆屬正一派道士，廟方執事與道士之間出現「共生性」的傭雇、抽成、承包關係。廟方管理道士，就管理了整個祭解，在儀式部分，仍然由專業神職人員負責。不僅如此，廟宇在現代社會中，充滿了「營利性格」，祭解也為廟方帶來高額的儀式利潤。

肆、閭山小法儀式色彩的淡化

在對研究範圍內的六間宮廟，作一記錄製表並比對後發現，具有濃厚代表閭山派色彩的「師刀」〔註5〕、「法索」〔註6〕、「錫角」〔註7〕、紅頭師公的「紅布巾」等閭山小法法器，在本研究調查的宮廟個案中都已經沒有再使用。

在早期道長除以奉旨拍桌，表示儀式的開始外，並於解送煞神的儀式初始時，吹響錫角，召集神兵天將降臨，護衛壇場並保護儀式的進行；而在解送煞神儀式末段，送完煞神後會甩動法索發出如鞭炮響聲，以示警告煞神吃飽喝足後速速離開，並且不得再回頭危害受祭解信徒，有驅邪祭煞、消災改厄之意。而儀式最後再以師刀割斷蘭草來行「割鬮」，象徵割斷邪煞糾葛，災厄承負。

〔註5〕師刀又稱法刀，柄內圈有七面或十二面銅錢或小鐵環，以象徵七星或十二元辰，造形特殊。用於法場時，搖動作響，以斬妖除魔、驅除邪祟；亦可用於改運時割鬮斷蘭草之用。（謝宗榮：2003.9，172）

〔註6〕亦稱「法繩」、「淨鞭」，為道教道士與法派法師在進行驅邪性法術等儀式時，所使用的法器之一臺灣的道士、法師主要是將法索使用在所謂的「收驚」、「祭解」等常見法事，多為替信徒進行驅邪祭煞、消災改厄，具有禳災除邪的儀式。全國宗教資訊網，https://religion.moi.gov.tw/Knowledge/Content?ci=2&cid=350。

〔註7〕又有稱「龍角」、「靈角」、「法角」、「師角」、「角笛」、「角鼓」等別名。有一說，龍角為太上老君傳授法術給陳靖姑時的重要法器，所以在臺灣有關陳靖姑的神像雕刻上，可見其手持龍角的形貌。現今臺灣的道士與法師們，以吹響龍角召集神兵天將降臨，護衛壇場並保護儀式的進行。在早期臺灣民俗學者劉枝萬的田野調查記錄，曾提到有「烏頭道士」使用牛角，「紅頭道士」（法派法師）使用錫角的說法，但現今情況，無論紅頭、黑頭道士或是民間信仰的法師皆可見到使用牛角。全國宗教資訊網，https://religion.moi.gov.tw/Knowledge/Content?ci=2&cid=358。

　　上述的法器都不見於本研究的宮廟祭解儀式中，筆者推測錫角及法索的
消失原因，應是跟宮廟合作後的使然結果。對廟方而言，廟宇主要是提供給
信徒，祭拜、祈禱，甚至是向神殿中的神明，傾訴心中委屈、懺悔、心事的地
方，理應靜肅而莊嚴。但錫角的吹響鳴聲，若再加上三清鈴的鈴聲，就易給
人喧鬧之印象，而法索的不經意如炮響聲，也易驚嚇到信徒，甚至可能害年
幼的小孩因驚嚇而哭鬧。因此，在廟方或信徒的要求下，使得道長收起這二
樣法器，使之成為與宮廟合作後的必然改變。

　　而在本研究調查的六間宮廟中，雖然松山府城隍廟還保有變遷後的「割
鬮」過限儀式，但其中重要的法器「師刀」，卻也已隨著儀式的變遷而消失，
其他五間已不見此段儀式。而紅頭師公的代表象徵物「紅布巾」，在筆者學習
小法的其間，朱建成道長曾告知，現代的紅布巾已不在拘限於綁在頭上，亦
可以綁在腰上，也可以披在肩上。然而在本研究的六個案中只有霞海城隍廟
還保有此一傳統，在行解送煞神儀式時將之披在肩上；而同屬劉厝派道長執
法的慈聖宮及法主公廟，則是以脫掉道袍，頭上還是戴著黑網紗道冠，來代
表身分由道士轉換為法師；但是，同屬林厝派的府城隍廟、關渡宮、保安宮，
卻未有脫掉道袍或披戴紅布巾，的身分轉換象徵。

　　而這樣的變遷，也使這些法器在宮廟的祭解儀式中消失，也代表著宮廟
祭解儀式中，代表閭山「法」術的象徵色彩逐漸淡化，而道士的形象也越見
鮮明，使儀式有「道」長「法」消的跡象。「民間宗教」不依附於特定的文化
系統，故不具有排他性。「勞格文認為宗教儀式的變遷因素與：鄉村乃滿天神
佛的社會，民眾沒有『宗教』的概念，宗教儀式是為解決現實生活中所面對
的問題而設，他們往往會以『信／不信』、『靈／不靈』等語言來表達。」（勞
格文，2015：7）對信徒而言，他並不在乎這儀式是否忠於傳統，或已變遷，
或已簡化，是道士或法師執法施術，對信徒而言他們只在乎，是否得到預期
的效果，及到底「靈／不靈」。

道長身穿道袍，頭戴黑網紗道冠，以　　　　　道長未穿道袍，肩披紅布巾，以
「道士」的身分為信徒「祭祀補運」　　　　　「法師」的身分為信徒「解送煞神」
〔註8〕　　　　　　　　　　　　　　　　　〔註9〕

伍、求祭解目地的變遷

祭解儀式的思想淵源，筆者以為應該與：「煞氣觀」、「祈禳」「巫術」的原始信仰思想有關聯。並以宗教思想的祈禳儀式來，補運、驅邪、送煞，以達到趨吉避凶的「咒禁術」或「解除術」目的。

本文中主要探討的術法──「祭解儀式」，在文獻資料中不難發現，早期則是以「咒禁術」的宗教醫療為主要目的；而隨著時代的改變、政治的因素、社會經濟環境的轉換，台灣醫療的發達、健保制度的健全、人民生活模式由農業社會轉換為工商業社會等因素，祭解儀式的功用從早期，為求疾病能快點好轉或痊癒的目的，在近代反而是轉換成，為解除各種因為生活上的煩憂、不順遂，而求術於祭解儀式，以禳求解除生活上的各種疑難雜症，的「解除術」為主要儀式目的。

在參與祭解儀式的觀察發現，諸多個案到廟求祭解，除了傳統宗教醫療、流年命理、星煞的原因，尚有現代化社會出現新的因素，可以說祭解的動機

〔註8〕照片為 2020 年 4 月拍攝於台北市霞海城隍廟，同一位道長，在同一場「祭解」儀式中，在儀式前半段，身穿道袍頭戴黑網紗道冠，以「道長」的身分為信徒「祭祀補運」；在儀式的後半場，未穿道袍，肩披紅布巾，以「法師」的身分，為信徒「解送煞神」。

〔註9〕同上。

中，已經超越了原有的祭解的理論。吳柏尚以淡水福佑宮為研究對象，將現代到廟求祭解的信眾，其祈祭解目的，歸納有：

（一）傳統祭解動機：1. 病、2. 五鬼官司、3. 靈異事件、4. 犯太陽太陰桃花、5. 車關、6. 喪門；（二）經濟動機：1. 事業、2. 工作 3. 求員工財、4. 投資創業、偏財、高利貸；（三）心靈動機：身心靈困境；（四）社會的動機：1. 家運、2. 便利、3. 道長魅力六；（五）多樣形態：多樣化效果。（吳柏尚，2020）

而台北松山府城隍廟，更直接在其官網上，將祭解的功能目的擴張到「舉凡消災解厄、官符纏身、將軍箭入命、剪除桃花、祈求家庭圓滿、夫妻和合、管教不聽話小孩皆有其不可思議的感應。」。〔註 10〕

筆者將「祭解目的」總整、歸納分為 1. 「咒禁術」目的、2. 「解除術」目的，其原理如下：

　　　①術法類別　→　②施行的法術內容　＝　③儀式的效果目的

（一）咒禁術之目的

在早期，因著信眾求請祭解的目的，多是為了求請廟方神靈，能大顯威靈，禳除身體的疾病，乃至於在醫療尚不發達時期，或宗教信仰心理因素，被認為是鬼邪作祟，所造成的病痛甚至是精神疾病，為解除病厄以求回復健康為目的，而施行的「咒禁術」：

　　　祈禳　→「祭祀補運」+「解送煞神」＝　咒禁術

（二）解除術之目的

而現今因為工商發達及醫療進步，人民的煩憂之事已不再只是吃飽沒、身體的病痛或是心理精神上的疾病。更多的是生活上的煩憂如：官司、靈異事件、桃花、車關、事業、工作、求財、投資創業等多樣性因素，而求祈祭解能為其化解，這些生活上的煩憂，以求生活上之平安順遂之目的，所以現在的祭解儀式已轉變為解除災厄祈禳生活上之平安順遂的「解除術」：

　　　祈禳　→「祭祀補運」+「解送煞神」＝　解除術

這樣的轉變，也正是筆者希望藉由此篇論文，將現在這個時代的祭解儀式做一記錄，就像筆者的研究發現，祭解儀式並不是從一九五零年代至今不變的，剔除因為傳承宗派不同的因素，就算是相同的傳承宗派，儀式也是可

〔註 10〕台北府城隍廟官網 https://www.bobe.org.tw/ceremony_detail.php?ceremony_id=6。

能會因為，社會的轉變、時空的差異、施術者的不同，甚至是對儀式索求目的不同之理解，等因素而有所變化。

第三節　研究限制與發展

壹、研究限制

本研究對祭解再次投入台北市地區 6 個個案的研究，雖然有些研究發現，但仍然存在若干的困境。茲簡述如下：

一、有限的個案

由於筆者將研究調查範圍與限制以台北市地區 1. 有長期駐廟道長、法師或祭解儀式服務人員（效勞生）之廟宇，2. 不侷限於特定日子才舉辦祭解儀式的廟宇，3. 台北市政府民政局登記有案之寺廟，為研究對象。因此範圍限制所以只選擇台北府城隍廟、霞海城隍廟、台北關渡宮、大龍峒保安宮、大稻埕慈聖宮及台北法主宮等 6 個宮廟的祭解，作為宗教社會調查之個案。雖然這些宮廟具有其指標性的意義，但是調查之後，才理解都是由執行「道法二門」的正一派道士主法，無法顯現出與其他神職人員主法的差異性。因此，筆者只能將這些宮廟比對既有研究，再次反思跨教派神職人員為信徒作祭解的異同。這是本研究最大的限度之一，如果假以時日，筆者還是希望能夠調查台灣地區其他教派神職人員的祭解，讓此類型研究可以獲得較為周延、客觀的解讀。

二、有限的時間

由於筆者非應屆畢業生，尚有在自己的事業及家庭需要經營與照顧，就讀碩士班是根據自己的興趣，而來本系所精進。在一年半內，用參與觀察紀錄法，記錄了上述 6 間宮廟的祭解；幸蒙各宮廟不同道長之抬愛，能順利就六間研究範圍內之宮廟，進行宗教社會調查及紀錄訪談。雖然如此，就有限度的時間下，研究資料收集的完整性來看，仍有缺失。還好，筆者也是深諳此儀式的道長，可以將過去向師父所學的祭解，用來彌補參與觀察記錄的不足。

貳、研究發展

一、各教派祭解的比較研究

當前台灣各大宮廟或道士壇，普遍用祭解儀式在過年或平時來服務信徒。

就此儀式的普遍性及重要性來看，仍然值得學界投入關注。過去學界常以個案來解讀祭解，只有少數教授投入跨教派的比較個案研究。在筆者看來，比較各教派的祭解儀式，應該是未來研究的重點之一。透過比較研究，才能理解儀式離「標準化」多遠，也才能解讀為何各教派神職人員趨之若鶩的投入祭解。

二、祭解的實證研究

本研究已經對本地區，當代的祭解及過去台灣府志，記錄的祭解作了對比之後，了解其變遷的現象，並探索其變遷的原因。然而這是從整體的儀式角度來看，祭解在台灣社會框架下，有哪些因素讓它產生變遷，這是比較屬於「整體研究」。筆者以為，祭解在台灣受信徒普遍的歡迎，應該有其內在的「細膩原因」；過去只有極少數祭解論文，作此「微視研究」。如果未來有機會，筆者願意用社會學、心理學的角度追蹤考核祭解的「動機與成效」。

三、祭解儀式的再次變遷紀錄

本研究探索當代祭解與傳統祭解的流變及原因，在瞬息萬變的當代社會中，祭解儀式為了因應當代的社會生存而產生變化。相信在未來祭解儀式的內容，也會因為信徒對於祭解儀式，求解除的需求不同，及不同的儀式專家對祭解儀式的認知不同，甚至是宗教市場需求的不同，而產生儀式的變遷，例如在霞海城隍廟的觀察過程中即發現，因為信徒的需要，道長即在祭解儀式後會再加入收驚的儀式，也發現到有因為車禍而接受祭解後，道長再為機車或汽車做祈禳、制煞、清淨的儀式。從歷史的縱軸爬梳文獻也發現，1950年代後才有現今宮廟的祭解儀式內容產生，1980年代期間各大宮廟，結合送免費的農民曆，推廣太歲信仰中的 12 生肖流年神煞觀，也因為農民曆在台灣深入民間的普遍性，並在廟方大力推廣下，間接影響到信徒，每到春節就會到寺廟祈求祭解，以禳一年的平安順遂。1990年代期間各大宮廟結合太歲信仰在廟裡為信徒點太歲燈、光明燈等，而形成信徒春節期間到廟補春運的習俗；而縱觀這近 70 年宮廟祭解儀式的變遷，在速食文化的推動下，祭解的儀式內容縮減了，而儀式過程中使用的法器、祭祀品也產生了變遷，連施術的儀式專家及求解祭解儀式的目的，也在變遷；如果未來有機會，筆者願意以「社會宗教調查」與「參與觀察」的方式，持續追蹤紀錄祭解儀式的變遷，並為當代的祭解儀式留下紀錄。

參考書目

1. Turner, Victor Form ritual to Theatre: The Human seriousness. New York: Proforming Arts Journal Publication, 1982.

2. Victor Turner 著、方永德等譯，1993，〈宗教慶典與儀式〉，《慶典》，上海：文藝出版社，頁 255～256。

3. 丁度等編，2011，《集韻》，高雄：學海。

4. 丁福保編，1959，《說文解字詁林及補遺》，台北：台灣商務印書館。

5. 丸井圭治郎著、台灣總督府編，1993，《台灣宗教調查報告書》，台北：捷幼。

6. 允祿，1983，《欽定協紀辨方書三十六卷》，台北：臺灣商務。

7. 尹協理，1994，《中國神秘文化辭典》，河北人民出版社。

8. 文榮光，1982，〈要神也要人——精神疾病與民俗醫療〉，《民間信仰與社會研討會論文集》，台灣省政府民政廳，頁 102～115。

9. 王充，2013，《論衡》，上海：古籍出版社。

10. 卡普費雷，1992，《謠言》，桂冠文學。

11. 余文儀，1993，《續修臺灣府志》，臺灣省文獻委員會。

12. 佚名，《太上正一保運祭送收驚全部》（蘆洲顯妙壇朱傳斌道長手抄本），北部正一劉厝派道士朱堃燦道長所提供。

13. 佚名，《祭解天狗白虎五鬼煞神關限全部》（蘆洲顯妙壇朱傳斌道長手抄本），北部正一劉厝派道士朱堃燦道長所提供。

14. 吳承恩，1983，《西遊記》，臺北：三民書局。

15. 宋‧黃岩孫，1989，〈祠廟〉，《仙溪志》卷三，福建人民出版社，頁 63。

16. 宋錦秀，1994，〈傀儡、煞教與象徵〉，《台灣民間知識系列 4》，稻香出版社。

17. 巫添福，1990，〈金紙、銀紙〉，《民俗臺灣》，臺北：武陵，頁 115～118。

18. 李志鴻，2011，《道教天心正法研究》，上海：社會科學文獻出版社。

19. 李叔還，1992，《道教大辭典》，巨流圖書股份有限公司。

20. 李豐楙，1994，〈行瘟與送瘟：道教與民眾瘟疫觀的交流與分歧〉，《民間信仰與中國定化國際研討會論文集》，臺北：漢學研究中心，頁 353～422。

21. 李豐楙，1993，〈煞與出煞：一個宇宙秩序的破壞與重建〉，《民俗系列講座》10，台北：國立中央圖書館台北分館，頁 257～336。

22. 李豐楙，1994，〈道教與中國人的生命禮俗〉，《宗教與生命禮俗》，靈鷲山般若文教基金會。

23. 李豐楙，1995，〈臺灣送瘟、改運習俗的內地化與本地化〉，《第一屆臺灣本土文化學術研討會論文集》，臺北：國立臺灣師範大學人文教育研究中心，頁 829～861。

24. 李豐楙，1996，〈節慶祭典的供物與中國飲食文化──一個「常與非常」觀的節慶飲食〉，《第 4 屆中國飲食文化學術研討會論文集》，臺北：中國飲食文化基金會與漢學研究中心，頁 211～238。

25. 李豐楙，2011，〈道法二門：臺灣中、北部的道、法複合〉，《中國地方宗教儀式論集》，香港：中文大學出版社，頁 147～179。

26. 李豐楙、謝聰輝合著，2001，《臺灣齋醮》，傳藝中心籌備處。

27. 李豐楙。2002，〈台南地區入厝習俗與道教謝土科儀〉，《南瀛傳統藝術研討會論文集》，臺南市：國立傳統藝術中心。

28. 汪寧生，1898，〈納西族的儀式用木牌和漢代烽燧遺址出土的人面木牌〉，《民族考古學論集》，文物出版社。

29. 周元文，1960，《重修台灣府志》卷十三，臺北：台灣銀行經濟研究室。

30. 周鍾瑄，1993《諸羅縣志》，臺灣省文獻委員會。

31. 和田漢著、林川夫譯，1995，〈紅頭師公〉，《民俗台灣（3)》，武陵出版有限公司。

32. 明‧周華，1999，〈廟志〉，《遊洋志》卷之二，（蔡金耀點校重印本，1999

年內部版）。

33. 松本浩一，2001，《中國の咒術》，東京：大修館書店。

34. 松本浩一，2004，〈台灣北部紅頭道士の祭解〉，《中國思想における身體・自然・信仰——坂出祥伸先生退休記念論集》，東京：東方書店。

35. 松本浩一，2006《宋代の道教と民間信仰》，日本：汲古書院。

36. 林尹、高明，1965，《中文大辭典》，台北市：中國文化學院。

37. 林美容，2003，《信仰、儀式與社會》，中央研究院民族學研究所。

38. 林振源，2008，〈民間道教儀式的傳承與變革：臺灣北部與福建詔安的「道法二門」傳統〉，《第六屆國際青年學者漢學會議論文集：民間文學與漢學研究》，臺北：萬卷樓圖書股份有限公司，頁347～367。

39. 金澤，2001，《宗教人類學導論》，北京：宗教文化出版社。

40. 長沙市文物考古研究所編，2016，《長沙尚德街東漢簡牘》，嶽麓書社。

41. 段超，2000，《土家族文化史》，民族出版社。

42. 胡孚琛，1995，《中華道教大辭典（一）》，北京：中國社會科學出版社。

43. 范咸，2005，《重修臺灣府志》，行政院文化建設委員會。

44. 唐文治，1980，《十三經讀本・史記》，新文豐。

45. 唐文治，1980，《十三經讀本・詩經》，新文豐。

46. 唐・魏徵，2012，《隋書・卷35・經籍誌》，中華書局。

47. 班固，2010，《漢書》，臺灣商務。

48. 馬以工，1992，《中國人的生命禮俗・嘉禮篇》，十竹書屋。

49. 馬凌諾夫斯基，2003，《巫術、科學與宗教》，協志出版股份有限公司。

50. 張家麟，2017，〈多元與跨宗教：比較「宮廟祭解」儀式〉，《政治大學台灣宗教學會2017年會》論文集，台灣宗教學會。

51. 張珣著、余安邦主編，2008，〈道教「祭解」儀式中的懺悔與「替身」：一個文化心理學的探討〉，《本土心理與文化療癒：倫理化的可能探問論文集》，臺北：中研院民族所，頁375～417。

52. 張益銘，2006，《金銀紙的秘密》，台北：晨星出版社。

53. 張懿仁，1996，《金銀紙藝術》，苗栗：苗栗縣政府。

54. 陳永正，1991，《中國方術大辭典》，中山大學出版社。

55. 陳松長，2001，《香港中文大學文物館藏簡牘》，香港中文大學文物館。

56. 陳瑞隆，1999，《臺灣喪葬禮俗源由》，世峰出版社。

57. 陳夢雷，1976，《欽定古今圖書集成一萬卷》，鼎文。

58. 陶思炎，1993，《祈禳：求福・除殃》，台灣珠海出版有限公司。

59. 勞榦，1957，《居延漢簡考釋（圖版之部）・序言》，中研院史語所。

60. 喬治・弗雷澤，1987，《金枝》，北京：中國民間文藝出版社。

61. 黃啟東，2014，《宮廟制解十二神煞》，黃啟東。

62. 黃意明，1991，《中國符咒》，香港：中華書局。

63. 黃福全，2010，《閭山祭送五鬼煞神科儀》，逸群出版社。

64. 葉明生，2016，〈道教閭山派之研究（一）閭山派的源流與形成〉，《道教儀式講座暨國家正一道與地方儀式工作坊會刊》，香港中文大學。

65. 葉春榮，2013，〈臺灣祭解儀式：儀式標準化問題〉，《漢人民眾宗教研究：田野與理論的結合》第四屆國際漢學會議論文集，中央研究院，頁 230～301。

66. 董芳苑 1986，《認識台灣民間信仰》，長青文化事業股份有限公司。

67. 鈴木清一郎著、彭作民譯，2000，《增訂臺灣舊慣習俗信仰》，眾文圖公司。

68. 漢・班固，1995，《漢書》（中華書局校點本），北京：中華書局。

69. 劉仲宇，1997，《道教的內秘世界》，文津出版社。

70. 劉枝萬，1967，《臺北市松山祈安建醮祭典》，臺北：中央研究院民族學研究所。

71. 劉枝萬，1994〈閭山教之收魂法〉，《中國民間信仰論集》，臺北：中研院民族所，頁 213。

72. 劉枝萬著、福井康順等監修、朱越利等譯，1992，〈臺灣的道教〉，《道教》第 3 卷，上海：上海古籍出版社，頁 116～154。

73. 增田福太郎，1942，《東亞法秩序序說：民族信仰を中心として》，東京市：ダイヤモンド社。

74. 增田福太郎著、黃有興譯，《臺灣宗教論集》，臺灣省文獻委員會。

75. 蔡相煇，1989，《復興基地臺灣之宗教信仰》，正中書局。

76. 鄭志明，1986，〈紙錢〉，《文化臺灣》，臺北：大道文化出版社，頁 52～54。

77. 澤田瑞穗，1992，〈禁術考〉，《中國咒法》，東京：平和出版社，頁 56～60。

78. 謝宗榮，2003，《臺灣傳統宗教藝術》，台中：晨星出版有限公司。

79. 瞿海源，2002，《宗教與社會》，台北：國立台灣大學。

80. 魏明遠，2017，《象吉通書大全》，台北：進源書局。

81. 饒宗頤，1996，〈記建興廿八年「松人」解除簡——漢「五龍相拘絞」說〉，《簡帛研究》第 2 輯，法律出版社。

82. 勞格文、呂鵬志主編，2015，《道教儀式叢書·師道合一：湘中梅山楊源張壇的科儀與傳承，上冊》，新文豐出版公司。

期刊論文

1. Facets of Taoism: Essays in Chinese Religion, edition by Holmes Welch and Anna Seidel,1979,Yale University Press, New Haven and London.

2. John Lagarwey, Les lignées taoïste du Nord de Taiwan », Cahiers d'Extrême-Asie 4, 988, pp. 127~143.

3. John Lagarwey 著、許麗玲譯，1996，〈台灣北部正一派道士譜系〉，《民俗曲藝》第 103 期，頁 31～48。

4. 丁媛、丁潔韻、張如青，2015.5，〈唐以前祝由術在醫療中的應用〉，《中華醫史雜誌》，第 45 卷第 3 期，頁 141。

5. 丸山宏著、張澤洪譯，1992，〈正一道的上章儀禮〉，《宗教學研究》1 期，頁 53～61。

6. 丸山宏，1988，〈正一上章的歷史及演變〉，《道教學探索》，頁 27～47。

7. 王育成，1997，〈中國古代人形方術及其對日本的影響〉，《中國歷史博物館館刊》，1997 年第 1 期，頁 32～56。

8. 王志文，2005.1，〈台南縣官田鄉番仔田「平埔七星橋」的祭解實例〉，台灣文化研究所學報第 2 期，頁 47～65。

9. 甘肅居延考古隊，《居延漢代遺址的發掘和新出土的簡冊文物》，《文物》，1978 年第 1 期。

10. 吳永猛，2001.6，〈法教的造橋過限儀式〉，《成大宗教與文化學報》第 16 期，頁 197～224。

11. 李國銘，1998.3，〈頭社與祀壺信仰出探〉，《臺灣風物》第 48 卷第 1 期，頁 63～136。

12. 李豐楙，1999.1，〈煞：一個非常的宇宙現象〉，《歷史月刊》第 132 期，頁 36～41。

13. 李豐楙，2002.12，〈制度與擴散：戰後臺灣火居道教的兩個宗教面向〉，《臺灣宗教研究通訊》第 2 卷 1 期，頁 109～144。

14. 林大為，2004-03-1，〈淺淡民間王爺信仰〉，《國有財產雙月刊》，財政部國有財產局台灣北區辦事處。

15. 林振源，2014.12，《正邪之辨、道法之合：臺灣北部道法二門源流》，《華人宗教研究》第 4 期，頁 43～67。

16. 林富士，1987，〈試論漢代的巫術醫療法及其觀念基礎〉，《史原》第 16 期，頁 29～53。

17. 林富士，1999.3，〈中國六朝時期的巫覡與醫療〉，《中央研究院歷史語言研究所集刊》第 70 卷 1 期，頁 1～48。

18. 林新欽，1995.3，〈過七星橋，祐平安〉，《豐年半月刊》第 45 卷 5 期，頁 72～75。

19. 姜守誠，2008.7，〈試論《太平經》的解除術〉，《魯東大學學報》（哲學社會科學版），第 25 卷第 4 期，頁 5～14。

20. 施晶琳，2005.1，〈臺南市興泉府祭改法事之研究〉，《台灣文化研究所學報》第 2 期，頁 229～273。

21. 柳紅亮，1986，〈吐魯番阿斯塔那古墓群新發現的「桃人木牌」〉，《考古與文物》1986 年第 1 期，頁 42～61。

22. 陝西省文物管理委員會，1958.7，〈長安縣三里村東漢墓發掘簡報〉，《文物參考資料》，1958 年第 7 期，頁 62～65。

23. 康豹，2002，〈道教與地方信仰—以溫元帥信仰為個例〉，《臺灣宗教研究通訊》4 期，頁 1～30。

24. 張家麟，2016.12，〈年凶神或吉神：論安太歲的類型與形成因素〉，《當代中國哲學報》41 期，頁 1～44。

25. 張家麟，2018.3，〈結構與變遷：以台灣地區媽祖神明會為焦點〉，《2018 首屆「土城媽祖田：情與義」研討會論文集》，媽祖田社區發展協會。

26. 張珣，2007.9，〈宮廟的醫療文化與象徵資源：以台北市保安宮為例〉，《新世紀宗教研究》，6 卷 1 期，頁 1～27。

27. 張超然，2016.12，〈自我身分、倫理性格與社會象徵：到語法的根本差異與複合現象〉，《華人宗教研究》第 8 期，頁 33～62。

28. 張澤洪，1996，〈道教齋醮源流與賞析〉，《宗教學研究》1996 年第 3 期。

29. 許麗玲，1999.2，〈台灣民間信仰中的補春運儀式——以北部正一派道士所行的法事儀式為例〉，《民族學研究所資料彙編》第 13 期，頁 95～129。

30. 連劭名，1998，《漢晉解除文與道家方術》，《華夏考古》1998 年第 4 期。

31. 陳壬癸，1981.3，〈談臺灣民俗——燒金銀紙〉《臺灣文獻》第 32 卷第 1 期，頁 158～162。

32. 陳啟新，1995.4，〈冥紙史話〉，《漿與紙》第 178 期，頁 31～38。

33. 彭維斌，2007.11，〈從百越巫鬼信仰到漢式佛道宗教——閩南民間信仰歷史變遷的分析〉，《福建師範大學學報》2007 年 6 期，頁 251～256。

34. 新疆博物館考古隊，1978，《吐魯番哈喇和卓古墓群發掘簡報》，《文物》1978 年第 6 期。

35. 劉泰廷，2017，〈天狗：中國古代的訛言與恐慌〉，《史林》2017 年第 1 期，頁 75～86。

36. 謝宗榮，2008.12，〈台灣道教的傳承與道壇生態（下）〉，《宗教大同》第 7 期，頁 42～61。

碩博士論文

1. 王麗菡，2013，《供桌的禮物：台灣特殊食物祭品—以台南府城為討論中心》，臺南大學台灣文化研究所碩士論文。

2. 吳柏尚，2020，《動機與效果：淡水福佑宮祭解儀式之研究》，真理大學宗教文化學系碩士論文。

3. 李游坤，2011，《臺灣基隆廣遠壇的傳承與演變研究》，輔仁大學宗教學系碩士論文。

4. 林本博，2009，《隋唐時期醫學中之咒禁療法研究》，中國文化大學博士論文。

5. 林煜智，2011，《生命關卡的通過：以台中廣安壇消災解厄科儀為主的考察》，政治大學宗教研究所碩士論文。

6. 施晶琳，2005，《臺南市金銀紙錢文化之研究》，臺南：臺南大學臺灣文化研究所，碩士論文。

7. 黃鎮國，1999，〈宗教醫療術儀初探：以《千金翼方‧禁經》之禁術為例〉，台北：輔仁大學宗教學系碩士論文。

8. 賴宗煒，2007，《紙錢在台灣道教過關渡限儀式中之象徵意義及功能》，南華大學宗教學研究所碩士論文。

9. 戴如豐，2007，《戲謔與神秘──台灣北部正一派紅頭法師獅場收魂法事分析》，南華大學美學與藝術管理研究所碩士論文。

10. 康詩瑀，2007，〈台灣臨水夫人信仰之研究─以白河臨水宮、台南臨水夫人媽廟為例〉，中央大學歷史研究所碩士論文。

11. 高振宏，2013，《宋元明道教酆嶽法研究：道經與通俗文學的考察》，政治學文學系博士論文。

網路資料

1. 〈祭送天狗白虎科儀〉，https://blog.xuite.net/sun.fate/twblog/113661437-%E7%A5%AD%E9%80%81%E5%A4%A9%E7%8B%97%E7%99%BD%E8%99%8E%E7%A7%91%E5%84%80，2020.4.2 下載。

2. 中華淨明閭山道教會高雄辦事處，〈閭山派的分別〉，https://blog.xuite.net/holydragon1003/twblog/385541103-%E9%96%AD%E5%B1%B1%E6%B4%BE%E7%9A%84%E5%88%86%E5%88%A5，2020.1.6 下載。

3. 林富士，〈試論漢代的巫術醫療法及其觀念基礎「漢代疾病研究」之一〉，武漢大學簡帛研究中心，http://www.bsm.org.cn/show_article.php?id=2508，2020.1.6 下載。

4. 教育部重修國語辭典修訂本，http://dict.revised.moe.edu.tw/cbdic/index.html，2020.1.6 下載。

5. 台北府城隍廟，http://www.bobe.org.tw/ceremony_detail.php?ceremony_id=6，2019.11.6 下載。

6. 〈日治時期流傳至今的百年金紙行！手工打造的台灣鬼神金庫〉，網路媒體風傳媒 https://www.storm.mg/lifestyle/182692，2020.1.6 下載。

7. 〈五鬼星和官符星的查詢和化解方法〉，https://kknews.cc/zh-tw/astrology/gap8zol.html，2020.2.22 下載。

8. 〈台灣古典詩主題詩選資料庫〉，愛詩網：http://ipoem.nmtl.gov.tw/Topm enu/Topmenu_PoemSearchOverViewContent?CatID=1603，2018.4.6 下載。

9. 《萬曆續道藏》，道教文化中心資料庫：http://zh.daoinfo.org/w/index.php? title=Category:%E8%90%AC%E6%9B%86%E7%BA%8C%E9%81%93% E8%97%8F&variant=zh-tw，2019.12.5 下載。

10. 〈臺灣大百科全書〉，文化部國家文化資料庫網站，http://nrch.culture.tw/ twpedia.aspx?id=4209，2020.7.5 下載。

11. 基隆代天宮，www.tai-tien.org.tw，20201.8 下載。

12. 文化部臺灣大百科全書，http://nrch.culture.tw/twpedia.aspx?id=11550，2020.5.6 下載。

13. 〈道藏資料庫〉，http://www.xueheng.net/dz.html，2020.5.6 下載。

14. 臺灣民俗文物辭典，http://dict.th.gov.tw/term/view/1685，2020.6.2 下載。

15. 全國宗教資訊網，龍角，https://religion.moi.gov.tw/Knowledge/Content? ci=2&cid=358，2020.1.5 下載。

16. 全國宗教資訊網，法索，https://religion.moi.gov.tw/Knowledge/Content? ci=2&cid-350，2020.1.6 下載。

附　件

附件1　台北府城隍廟祭解疏文

圖片	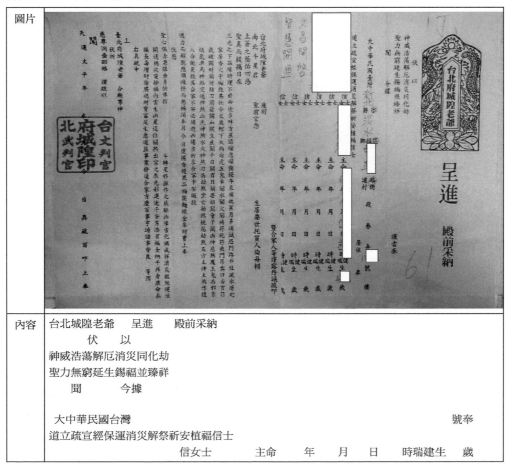
內容	台北城隍老爺　　呈進　　殿前采納 　　　　伏　　以 神威浩蕩解厄消災同化劫 聖力無窮延生錫福並臻祥 　　聞　　　　今據 　大中華民國台灣　　　　　　　　　　　號奉 道立疏宣經保運消災解祭祈安植福信士 　　　　　　信女士　　　主命　年　月　日　時瑞建生　歲

	信女士	主命	年	月	日	時瑞建生	歲
	信女士	主命	年	月	日	時瑞建生	歲
	信女士	主命	年	月	日	時瑞建生	歲
	信女士	主命	年	月	日	時瑞建生	歲
	信女士	主命	年	月	日	時瑞建生	歲

暨合家人等謹露丹誠跪叩

台北府城隍老爺　　座前
南 北 斗 星 君　　聖前言念　　生居塵世托質人倫每賴
上蒼之蔭佑叨感
聖真而提攜日在
三光之下茲緣時運不齊命途多舛吉星退縮惡曜強侵年來瑣故累月多端誠恐門路井灶風水厝宅
　　家居香火干礙致其社令太歲轄下天狗白虎五鬼車關水關火關病符死符喪門吊客口舌官符
　　歲破關財關財劫刀關箭關血關生產關千日關百日關婆姐關童子關凶神惡煞魔王鬼兵邪崇
　　妖氛車馬神煞交通神煞血光神煞水火神煞刀兵劫煞空亡劫煞桃花劫煞五方土神土煞作擾
　　入命做災致其合家不寧必須避凶趨吉祈求合家平安飯投
道力而解脫應須陳情而墾禱涓本月今日虔備香燈果品福圓麵線金帛財寶上奉
　　伏墾
聖心保赤慧眼垂青俯準信　　　　　　斗轉星移振作元辰驅凶降吉化禍成祥消災赦結運限
　　開通禍從電掃福向雲生凶星退位關煞出宮元辰光彩運途平安男添百福女納千祥身康命泰
　　福長壽增財源廣進財寶富足生意進益事業發達合家吉慶百事亨通諸事皆良　　　等因
　　右具疏申
　　上
台北府城隍老爺　　合廟尊神
　　伏祈
慈尊洞垂昭格　　謹疏以
　聞
天 運 太 平 年 本 月 今 日 具 疏 百 叩 上 奉

附件 2　霞海城隍廟疏文

圖片	
內容	（見下）

霞 海 城 隍 老 爺 案前 呈進
　　　伏 以
聖力威靈招百福　　　　求之即應
神光顯化除千災　　　　感而遂通
　　　令據　　　　　　　　　　　　　　家吉宅居住奉
　　　臺灣
道立疏宣經禳災解厄延補生運助旺元辰祈安植福

　　　　　　　　　　　　　　　暨合家人等全誠心叩干
聖造具呈意者但念
　　誠恐命內侵犯天災地曜魔王鬼兵亡神劫煞五方什煞綠凶星而公克恐惡煞以交攻欲
　　消災而迪吉謹端肅以投誠奉伸禱祝祈添壽齡合家欲求平安思無可保之方當有求安
　　之路　　　　　　　　　　合家人等誠心涓此本月　　　　　　日大吉仗
道抵廟立疏保運求安添福星而益壽仰大曜以祥光香主虔具香燈嘉菓金帛等式　懇求
霞海城隍　合廟尊神　　　　　案前呈進　　　為民作主　　　　　　伏乞
　　庇佑　　　　　　　　　　　　　　　命內屆今向去凶星
　　退散吉宿進宮災隨電掃福向雲生星辰光彩命運亨通賤軀無恙降福有祥紅顏奇秀華
　　髮長青合家迪吉老少康寧子孫代賢崙斯繁盛所求如意至誠如神等因右具文疏申
　　上
霞海城隍　內宮夫人　左右判官
謝范將軍　金山二將　合廟尊神
　　　　　　　　　　　　　　伏惟昭格謹疏以
　　聞
天運　　　　年　　　　　月　　　　　日具文疏九叩百拜上申

附件3　台北保安宮祭解疏文

圖片	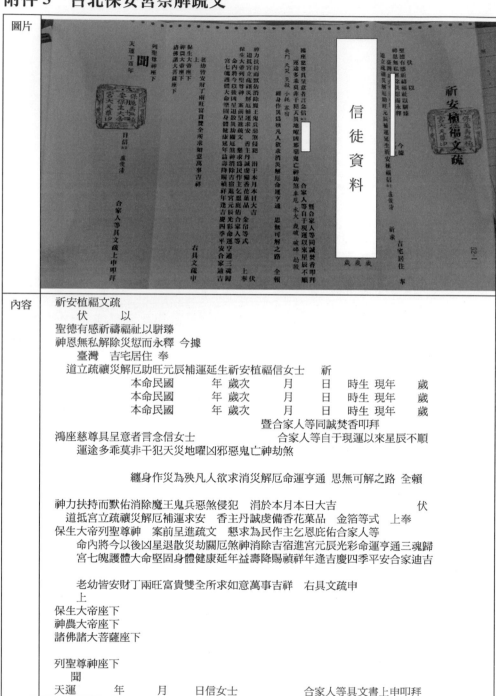

內容

祈安植福文疏
　　　伏　以
聖德有感祈禱福祉以駢臻
神恩無私解除災愆而永釋　今據
　　臺灣　吉宅居住 奉
道立疏禳災解厄助旺元辰補運延生祈安植福信女士　　　祈
　　　　本命民國　　　年 歲次　　　月　　　日　　時生 現年　　　歲
　　　　本命民國　　　年 歲次　　　月　　　日　　時生 現年　　　歲
　　　　本命民國　　　年 歲次　　　月　　　日　　時生 現年　　　歲
　　　　　　　　　　　　　暨合家人等同誠焚香叩拜
鴻座慈尊具呈意者言念信女士　　　　　　合家人等自于現運以來星辰不順
　　運途多乖莫非干犯天災地曜凶邪惡鬼亡神劫煞

　　　　　　纏身作災為殃凡人欲求消災解厄命運亨通　思無可解之路　全賴

神力扶持而默佑消除魔王鬼兵惡煞侵犯　涓於本月本日大吉　　　　　　　伏
　道抵宮立疏禳災解厄補運求安　香主丹誠虔備香花菓品　金箔等式　上奉
保生大帝列聖尊神　案前呈進疏文　懇求為民作主乞恩庇佑合家人等
　　命內將今以後凶星退散災劫關厄煞神消除吉宿進宮元辰光彩命運亨通三魂歸
宮七魄護體大命堅固身體健康延年益壽降賜禎祥年逢吉慶四季平安合家迪吉

　　老幼皆安財丁兩旺富貴雙全所求如意萬事吉祥　右具文疏申
　　上
保生大帝座下
神農大帝座下
諸佛諸大菩薩座下

列聖尊神座下
　　聞
天運　　　年　　　月　　　日信女士　　　　　　合家人等具文書上申叩拜

附件4　台北大稻埕慈聖宮疏文

圖片	
內容	天上聖母 　　伏以 聖力威靈招百福　　　　求之即應 神光顯化除千災　　　　感而遂通 　　今據 　臺灣　　　　　　　　　　　　　家吉宅居住奉 道立疏宣經禳災解厄,延保牛運助旺元辰祈安植福

天上聖母
　　伏以
聖力威靈招百福　　　　求之即應
神光顯化除千災　　　　感而遂通
　　今據
　臺灣　　　　　　　　　　　　　家吉宅居住奉
道立疏宣經禳災解厄,延保牛運助旺元辰祈安植福

信士	歲	月	日	時	信士	歲	月	日	時
信士	歲	月	日	時	信士	歲	月	日	時
信士	歲	月	日	時	信士	歲	月	日	時
信士	歲	月	日	時	信士	歲	月	日	時
信士	歲	月	日	時	信士	歲	月	日	時

　　　　　　　　　　　　暨合家人等全誠心叩干
聖造具呈意者佃念

　　誠恐命內侵犯天災地曜魔王鬼兵亡神刼煞五方什煞慮凶星而拱尅恐惡煞流年歲君
　　以交攻欲消災而迪吉謹端肅以投誠恭伸禱祝祈添壽齡合家欲求平安思無可保之方
　　當有求安之路　　　　　　　合家人等誠心　涓此本月　　　日大吉伏
　道批宮立疏保運求安添福星而益壽仰大曜以祥光香主虔具香燈家菓金帛等式　　懇求
天上聖母　列聖尊神　　案前呈進　　為民作主
　乞恩庇佑　　　　　　　　　　　　命內屆今向去凶星退散吉宿進宮
　　災隨電掃福向雲生星辰光彩命運亨通賤驅無恙降福有祥紅顏奇秀華髮長青合家迪
　　吉老少康寧子孫代賢螽斯繁盛所求如意至誠如神等因右具文疏申

　　上
天上聖母順風千里二大將軍三寶佛祖觀音佛祖關聖帝君
文倉帝君註生娘娘月下老人福德正神黑虎將軍合宮等神　　　伏惟昭格謹疏以
　　聞
天運　　年　　月　　日　具文疏下民九叩百拜上申

附件5　台北關渡宮祭解疏文

圖片	
內容	關渡宮消災延壽疏文　呈進 　　　伏以 聖慈賜祿掃千災　求之即應 神恩降祥招百福　感而逐通　　　謹當奏文　　　　　今據 　中華民國　　　　　　　　　　　　　　　　　吉宅居住奉 道投神禳災解厄進錢補運助旺元辰祈安植福 　　信女士　　　本命　　年　　月　　日　　瑞建 生 流行 庚　　歲 　　信女士　　　本命　　年　　月　　日　　瑞建 生 流行 庚　　歲 　　信女士　　　本命　　年　　月　　日　　瑞建 生 流行 庚　　歲 　　信女士　　　本命　　年　　月　　日　　瑞建 生 流行 庚　　歲 　　信女士　　　本命　　年　　月　　日　　瑞建 生 流行 庚　　歲 　　信女士　　　本命　　年　　月　　日　　瑞建 生 流行 庚　　歲 　　信女士　　　本命　　年　　月　　日　　瑞建 生 流行 庚　　歲 　　信女士　　　本命　　年　　月　　日　　瑞建 生 流行 庚　　歲 　　信女士　　　本命　　年　　月　　日　　瑞建 生 流行 庚　　歲 聖造具陳意者但念命內恐犯　天狗白虎　五鬼官符　邢剋死符　　　病符太歲 　　喪門吊客　魔王鬼兵　邪崇妖氣　桃花神煞　交通神煞　血光神煞　水火車關　刀兵 　　劫煞　空亡什煞　雜煞關限　入命作災　合家人等　欲求平安　誠心涓此本月十二日大吉 伇 　道抵宮立疏　求安是本　造福宜先　香主丹誠敬備香燈菓品　金箔財寶等式　伏乞 天上聖母　列聖尊聖　案前呈進為民作主　乞恩庇佑　命內屆今向去　凶星退位 　　吉宿進宮　災隨雷掃　福向雲生　星辰光彩　命運亨通　大命堅固　身體平安　仍保 　　合家吉慶　人口均安　所求如意　大降吉祥　等因　右具文疏　申 上 天上聖母　　列聖尊神　伏惟昭格　謹疏　　以 聞 天運　　年　　月　　日　具文疏九叩百拜上申

附件6　台北法主公廟祭解疏文

圖片	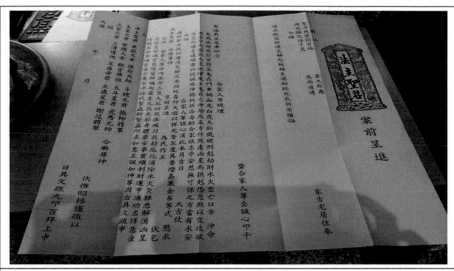
內容	法主聖君　案前呈進 　　　伏　以 聖力威靈招百福　　　求之即應 神光顯化除千災　　　感而遂通 　　　今據　　　　　　　　　　　　　　　　　　　　家吉宅居住奉 道立疏宣經禳災解厄延補生運助旺元辰祈安植福 　　　　　　　　　　　　　　　　　　　暨合家人等誠心叩干 聖造具呈意者但念　　　　　　合家人等現運 　太歲病符死符宮符五鬼喪門車禍血光白虎天狗歲破刑剋劫財水火空亡口舌　沖命 　誠恐命內侵犯天災地曜魔王鬼兵亡神劫煞五方什煞慮凶星而挑剋恐惡煞以交攻欲 　消災而迪吉謹端肅以投誠恭伸禱祝祈添壽齡合家欲求平安思無可保之方當有求安 　之路　　　　　　　　　合家人誠心涓此本月吉日　　　　　　大吉仗 　道抵廟立疏保運消災解厄添福延壽仰大曜以祥光香主虔具香燈嘉果金帛等式　　懇求 法主聖君　合廟尊神　　　　　案前呈進　　　為民作主　　　　　　　伏乞 　庇佑　合家人等命內屆今三災九厄四煞疾病刀兵劫厄化消除水火災難悉解消凶星 　退散吉宿進宮災隨電掃福向雲生元辰光彩身體健康事業順利財運亨通功名得意金 　榜題名合家迪吉老少康寧子孫代賢齊斯繁盛所求如意至誠等因右具文疏申 　　上 法主聖君　東嶽大帝　張府天師　斗姥元君　張柳將軍 玉皇大帝　紫微大帝　觀音佛祖　五斗星君　虎馬元帥　合廟尊神 三官大帝　三清道祖　文昌帝君　太歲星君　謝范將軍　　　伏惟昭格謹疏立 　聞 天運　　　年　　　　月　　　　　　　日具文疏九叩百拜上申